小学生のための

おぼえる英単語・熟語カード

旺文社

カードの特長と使い方

★ この本は『小学生のための おぼえる 英単語・熟語1000』に収録している単語・熟語の中から厳選した700語を22のテーマに分類して掲載しています。

★ ミシン目にそって，各カードを切り離します。自由に組み合わせ，付属のリングでとじて持ち運んで，どこでも単語と熟語を手軽に学ぶことができます。

カードはこんな風に使ってみよう！

オモテ単語・熟語だけを見て

★「わかる」「わからない」でグループ分けしてみる。

★ バラバラに床に並べて，わかるものを拾ってみる。

★ 音声を聞いて一緒に発音してみる。

ウラの日本語だけを見て

★ 日本語の意味と同じ英語を言ってみる。

★ 音声を聞いて英語を発音してみる。

表紙カードの使い方

★ 単語カードのいちばん前に入れて，巻末のリングでとじて使ってください。

カードの構成

カードのオモテ面が単語・熟語と例文，ウラ面が和訳（日本語）になっています。オモテからもウラからも使うことができます。

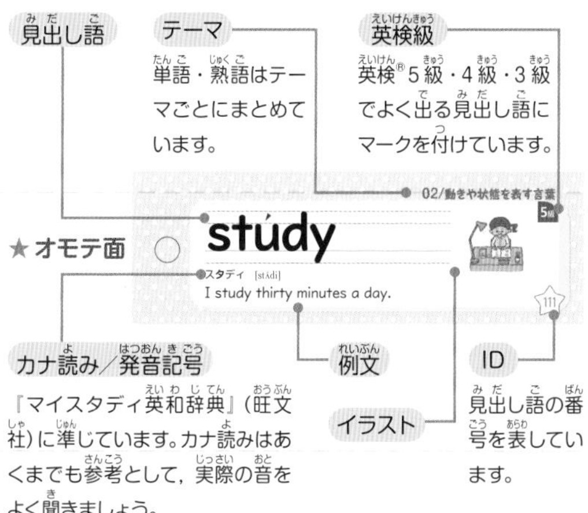

見出し語
テーマ
単語・熟語はテーマごとにまとめています。
英検級
英検®5級・4級・3級でよく出る見出し語にマークを付けています。
02/動きや状態を表す言葉
5級
★オモテ面
study
スタディ [stʌ́di]
I study thirty minutes a day.
111
カナ読み／発音記号
『マイスタディ英和辞典』（旺文社）に準じています。カナ読みはあくまでも参考として，実際の音をよく聞きましょう。
例文
イラスト
ID
見出し語の番号を表しています。

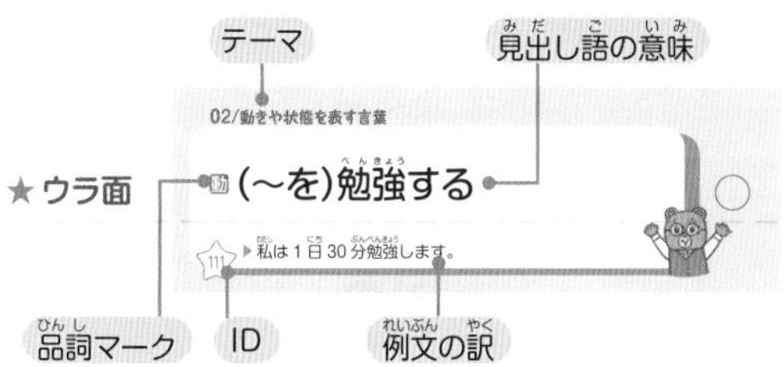

テーマ
見出し語の意味
02/動きや状態を表す言葉
★ウラ面
動 (〜を)勉強する
111
▶私は1日30分勉強します。
品詞マーク
ID
例文の訳

※ このコンテンツは，公益財団法人 日本英語検定協会の承認や推奨，その他の検討を受けたものではありません。

目次

カードの特長と使い方 …… 2

カードの構成 …… 3

音声の使い方 …… 6

01 日常生活 001-060 …… 9

02 動きや状態を表す言葉 061-127 …… 33

03 人・からだ 128-160 …… 59

04 家 161-175 …… 73

05 食べ物・飲み物 176-220 …… 79

06 野菜・果物 221-238 …… 97

07 色・形・数 239-293 …… 103

08 学校生活 294-310 …… 125

09 授業と文房具 311-338 …… 133

10 町・施設 339-380 …… 143

スタッフ

編集：荒川昌代

編集協力：有限会社マイプラン（丹羽 治枝）

校正：石川道子, 敦賀亜希子, 本多美佐保, 山本知子

本文デザイン：大滝奈緒子, 水野知美

装丁デザイン：柏倉美地（細山田デザイン事務所）

本文·装丁イラスト：秋野純子

組版：幸和印刷株式会社

録音：株式会社巧芸創作

ナレーション：Greg Dale, Julia Yermakov, 大武芙由美

11 職業 381-403 …… 161
12 スポーツ 404-424 …… 169
13 趣味・遊び 425-448 …… 177
14 動物・植物 449-469 …… 187
15 月・曜日・時間 470-507 …… 195
16 季節・行事 508-516 …… 211
17 自然・天気 517-540 …… 215
18 国 541-559 …… 225
19 様子や気持ちを表す言葉 560-626 …… 231
20 その他の言葉(前置詞・副詞など) 627-646 …… 259
21 動き・状態・気持ちを表す熟語 647-685 …… 267
22 その他の熟語 686-700 …… 283

マークの意味

名 名詞　動 動詞　形 形容詞
副 副詞　前 前置詞　間 間投詞

(米) アメリカ英語　(英) イギリス英語

~ …… ~の部分に語句が入る
( ) …… 省略可能　[ ] …… 言い換え可能

音声の使い方

すべての見出し語について，音声を聞くことができます。

収録音声 見出し語→ 日本語の意味→ 例文

音声を聞くには下記の専用サイトにアクセスし，
この本を選択してください。
https://www.obunsha.co.jp/service/eigoren/ または

下記の3つの方法からご利用になりたい方法を選択し，
画面の指示にしたがってください。

● ダウンロード

すべての音声がダウンロードできる「DOWNLOAD」ボタンをクリックし，ダウンロードしてください。MP3形式の音声ファイルはZIP形式にまとめられています。ファイルを解凍して，オーディオプレーヤーなどで再生してください。くわしい手順はサイト上の説明をご参照ください。

● ストリーミング

聞きたい音声を選択すると，データをインターネットから読み込んで，ストリーミング再生します。こちらの方法では，機械内に音声ファイルが保存されません。再生をするたびにデータをインターネットから読み込みますので，通信量にご注意ください。

● 旺文社リスニングアプリ「英語の友」（上記サイトと同じ内容を搭載）

「英語の友」公式サイト（https://eigonotomo.com/）より，アプリをインストールしてください。詳しくはサイト内の案内をご参照ください。本アプリの機能の一部は有料ですが，本書の音声は無料でお聞きいただけます。詳しいご利用方法は「英語の友」公式サイト，あるいはアプリ内ヘルプをご参照ください。

注意！

- ダウンロード音声の再生には，MP3ファイルが再生できる機器が必要です。
- スマートフォンやタブレットでは音声ファイルをダウンロードできません。パソコンで音声ファイルをダウンロードしてから機器に転送するか，ストリーミング再生をご利用ください。
- デジタルオーディオプレーヤーへの音声ファイルの転送方法は，各製品の取扱説明書やヘルプをご参照ください。
- ご使用機器，音声再生ソフトなどに関する技術的なご質問は，ハードメーカーもしくはソフトメーカーにお願いします。
- 本サービスは予告なく終了することがあります。

01/日常生活

goodbye

グッドバイ [gùdbái]

Saraba means “goodbye.”

01/日常生活

hello

へろウ [həlóu]

Hello, Ms. Dean.

002

01/日常生活

hi

ハイ [hai]

Hi, Aya.

4級

luck

らック [lʌk]

Good luck to you!

01/日常生活

5級

cap

キャップ [kæp]

Your cap is cool.

01/日常生活

間 さようなら

001 ▶「さらば」は「さようなら」という意味(いみ)です。

01/日常生活

間 こんにちは

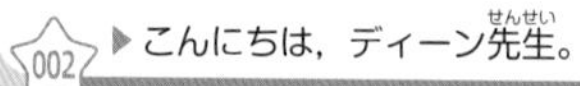
002 ▶こんにちは，ディーン先生(せんせい)。

01/日常生活

間 やあ

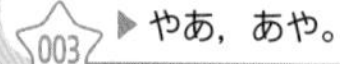
003 ▶やあ，あや。

01/日常生活

名 幸運(こううん)

004 ▶あなたの幸運(こううん)をいのります。

01/日常生活

名 (ふちなしの)帽子(ぼうし)

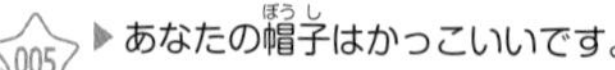
005 ▶あなたの帽子(ぼうし)はかっこいいです。

5級

hat

ハット [hæt]

Take off your hat.

006

01/日常生活

5級

coat

コウト [kout]

This coat is too big.

007

01/日常生活

5級

jácket

チャケット [dʒǽkit]

This jacket looks good on you.

008

01/日常生活

4級

swéater

スウェタァ [swétər]

This sweater is warm.

009

01/日常生活

5級

shirt

シャ〜ト [ʃəːrt]

Can I try on this shirt?

010

01/日常生活

名 (ふちのある)帽子(ぼうし)

006 ▶ 帽子(ぼうし)をぬぎなさい。

01/日常生活

名 コート

007 ▶ このコートは大(おお)きすぎます。

01/日常生活

名 ジャケット

008 ▶ あなたにはこのジャケットがお似合(にあ)いです。

01/日常生活

名 セーター

009 ▶ このセーターは暖(あたた)かいです。

01/日常生活

名 シャツ

010 ▶ このシャツを試着(しちゃく)してもいいですか。

5級

T-shirt

ティーシャ～ト [tíːʃəːrt]

Your T-shirt is inside out.

011

pants

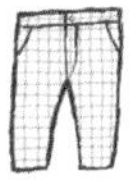

パンツ [pænts]

Don't take my pants, Yamato!

012

shorts

ショーツ [ʃɔːrts]

Where are my shorts?

013

5級

skirt

スカ～ト [skəːrt]

I like this skirt.

014

5級

shoes

シューズ [ʃuːz]

Check your shoes.

015

01/日常生活

名 Tシャツ

011 ▶あなたのTシャツ，うら返(がえ)しだよ。

01/日常生活

名 ズボン

012 ▶ぼくのズボンを取(と)らないで，やまと。

01/日常生活

名 半(はん)ズボン

013 ▶私(わたし)の半(はん)ズボンはどこですか。

01/日常生活

名 スカート

014 ▶私(わたし)はこのスカートが好(す)きです。

01/日常生活

名 くつ

015 ▶くつを確(たし)かめて。

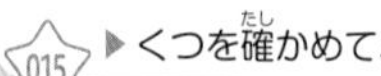

boots

ブーツ [bu:ts]

Let’s buy these boots.

4級

socks

サ(ー)ックス [sɑ(:)ks]

Aya likes her red socks.

017

4級

umbrélla

アンブレら [ʌmbrélə]

I forgot my umbrella.

018

ráincoat

レインコウト [réinkout]

My raincoat is too small.

5級

bag

バッグ [bæg]

This bag is 2,000 yen.

01/日常生活

名 ブーツ

016 ▶ このブーツを買いましょう。

01/日常生活

名 くつ下

017 ▶ あやはかのじょの赤いくつ下が好きです。

01/日常生活

名 雨がさ

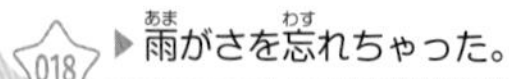
018 ▶ 雨がさを忘れちゃった。

01/日常生活

名 レインコート

019 ▶ ぼくのレインコートは小さすぎます。

01/日常生活

名 バッグ

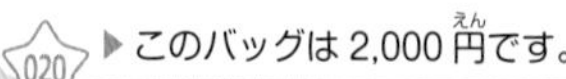
020 ▶ このバッグは 2,000 円です。

01/日常生活

5級

backpack

バックパック [bǽkpæ̀k]

What's in your backpack?

01/日常生活

5級

box

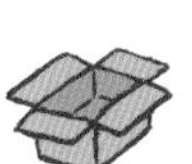

バ(ー)ックス [bɑ(ː)ks]

Many toys are in the box.

022

01/日常生活

5級

case

ケイス [keis]

This is my pen case.

01/日常生活

basket

バスケット [bǽskət]

I have some apples in the basket.

01/日常生活

5級

キャれンダァ [kǽləndər]

I want a big calendar.

01/日常生活

名 リュックサック

021 ▶ リュックサックに何(なに)が入(はい)っているのですか。

01/日常生活

名 箱(はこ)

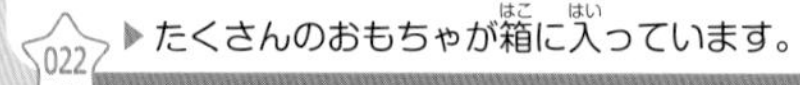

022 ▶ たくさんのおもちゃが箱(はこ)に入(はい)っています。

01/日常生活

名 ケース

023 ▶ これは私(わたし)のペンケースです。

01/日常生活

名 かご

024 ▶ かごにいくつかリンゴがあります。

01/日常生活

名 カレンダー

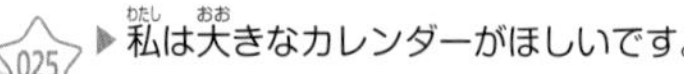

025 ▶ 私(わたし)は大(おお)きなカレンダーがほしいです。

01/日常生活 5級

diary

ダイアリィ [dáiəri]

My brother is reading my diary!

01/日常生活 5級

picture

ピクチャ [píktʃər]

I took a picture with my family.

027

01/日常生活 5級

camera

キャメラ [kǽm(ə)rə]

Takao has an expensive camera.

5級

computer

コンピュータァ [kəmpjúːtər]

Don't use this computer.

01/日常生活 5級

e-mail

イーメイる [íːmeil]

A *samurai* is writing an e-mail.

名 日記

026 ▶ 弟が私の日記を読んでいます。

名 写真，絵

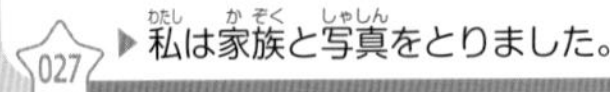
027 ▶ 私は家族と写真をとりました。

名 カメラ

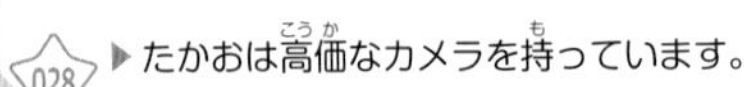
028 ▶ たかおは高価なカメラを持っています。

名 コンピューター

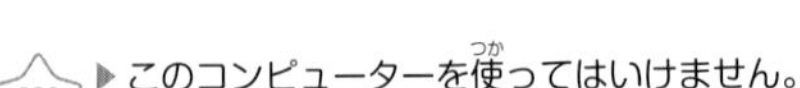
029 ▶ このコンピューターを使ってはいけません。

名 電子メール

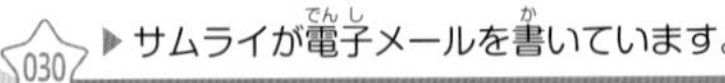
030 ▶ サムライが電子メールを書いています。

01/日常生活

5級

létter

れタァ [létər]

I want to write a love letter.

031

01/日常生活

5級

clock

クら(ー)ック [klɑ(:)k]

Stop the alarm clock.

032

01/日常生活

5級

watch

ワ(ー)ッチ [wɑ(:)tʃ]

I got a watch.

033

01/日常生活

5級

idéa

アイディ(ー)ア [aidí(:)ə]

That's a good idea.

034

01/日常生活

5級

stóry

ストーリィ [stɔ́:ri]

Tomoko's story is long.

035

01/日常生活

名 手紙

031 ▶私はラブレターを書きたいです。

01/日常生活

名 時計

032 ▶目覚まし時計を止めなさい。

01/日常生活

名 うで時計

033 ▶私はうで時計をもらいました。

01/日常生活

名 考え

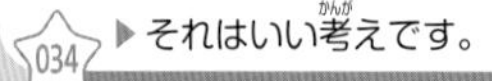

034 ▶それはいい考えです。

01/日常生活

名 話

035 ▶ともこの話は長いです。

01/日常生活

5級

name

ネイム [neim]

The name of Ms. Dean's cat is Manju.

01/日常生活

5級

ティーヴィー [tì:ví:]

Riku is on TV now.

037

01/日常生活

5級

newspaper

ヌーズペイパァ [nú:zpèipər]

Please bring a newspaper.

01/日常生活

5級

smartphone

スマートふォウン [smá:rtfoun]

I want a new smartphone.

01/日常生活

4級

マップ [mæp]

We need a map for cheese.

040

名 名前

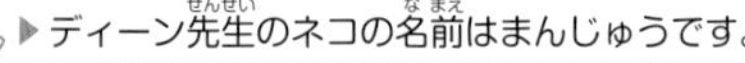

036 ▶ディーン先生のネコの名前はまんじゅうです。

名 テレビ

037 ▶りくが今テレビに出ているよ。

名 新聞

038 ▶新聞を持ってきてください。

名 スマートフォン

039 ▶私は新しいスマートフォンがほしいです。

名 地図

040 ▶私たちはチーズの地図が必要です。

01/日常生活

4級

cóoking

クッキンᵍ [kúkiŋ]

My father goes to a cooking school.

01/日常生活

ménu

メニュー [ménju:]

Do you have an English menu?

01/日常生活

5級

párty

パーティ [pá:rti]

Let's have a *takoyaki* party!

043

01/日常生活

5級

chópsticks

チャ(ー)ップスティックス [tʃá(:)pstiks]

Ms. Dean can use chopsticks.

01/日常生活

5級

knife

ナイふ [naif]

Cut the pineapple with a knife.

045

01/日常生活

名 料理

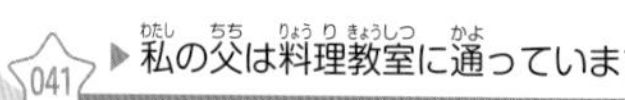

041 ▶私の父は料理教室に通っています。

01/日常生活

名 メニュー

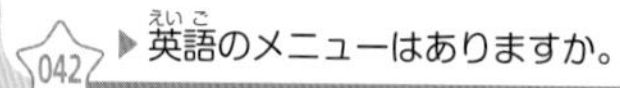

042 ▶英語のメニューはありますか。

01/日常生活

名 パーティー

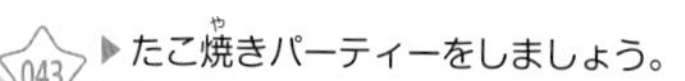

043 ▶たこ焼きパーティーをしましょう。

01/日常生活

名 はし

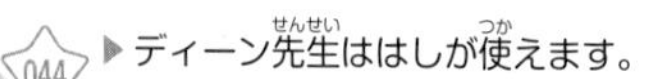

044 ▶ディーン先生ははしが使えます。

01/日常生活

名 ナイフ

045 ▶ナイフでそのパイナップルを切りなさい。

01/日常生活
5級

cup

カップ [kʌp]

I want to drink a cup of coffee.

046

01/日常生活
5級

glass

グらス [glæs]

I drink a glass of orange juice every day.

047

01/日常生活
5級

dish

ディッシ [diʃ]

Wash the dish.

048

01/日常生活
5級

plate

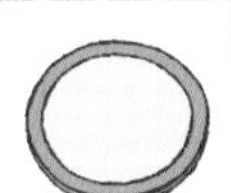

プれイト [pleit]

This plate is cute.

049

01/日常生活
5級

lúnchbox

らンチバ(ー)ックス [lʌ́ntʃbɑ(:)ks]

Your lunchbox is very big.

050

01/日常生活

名 カップ

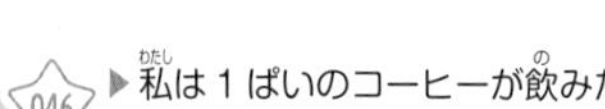

046 ▶私は1ぱいのコーヒーが飲みたいです。

01/日常生活

名 コップ

047 ▶私は毎日コップ1ぱいのオレンジジュースを飲みます。

01/日常生活

名 皿，料理

048 ▶そのお皿を洗いなさい。

01/日常生活

名 (浅い)皿

049 ▶このお皿はかわいいです。

01/日常生活

名 弁当箱

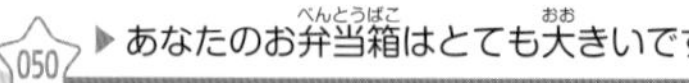

050 ▶あなたのお弁当箱はとても大きいです。

01/日常生活

3級

gárbage

ガービヂ [gáːrbidʒ]

You can take out the garbage on Mondays.

051

01/日常生活

5級

shówer

シャウア [ʃáuər]

Take a shower, Riku.

052

01/日常生活

5級

shópping

シャ(ー)ピング [ʃá(ː)piŋ]

Let's enjoy shopping.

053

01/日常生活

5級

tícket

ティケット [tíkət]

Takao has four baseball tickets.

054

01/日常生活

5級

présent

プレズント [préz(ə)nt]

This is a present from my uncle.

055

01/日常生活

名 生ごみ

051 ▶毎週月曜日に生ごみを出すことができます。

01/日常生活

名 シャワー

052 ▶シャワーを浴びなさい，りく。

01/日常生活

名 買い物

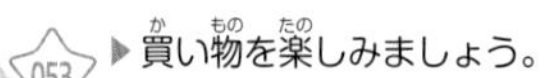

053 ▶買い物を楽しみましょう。

01/日常生活

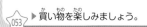

名 チケット

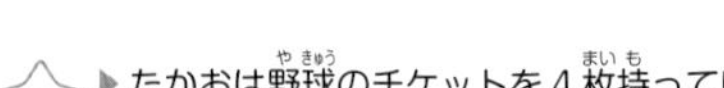

054 ▶たかおは野球のチケットを 4 枚持っています。

01/日常生活

名 プレゼント

055 ▶これはおじからのプレゼントです。

5級

pet

ペット [pet]

Our pet likes Riku's pants.

056

01/日常生活

4級

toy

トイ [tɔi]

What toys do you have?

057

01/日常生活

márble

マーブる [má:rbl]

This candy looks like a marble.

058

01/日常生活

kílogram

キろグラム [kíləgræm]

Can you eat one kilogram of beef?

01/日常生活

5級

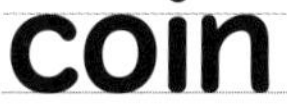

coin

コイン [kɔin]

I have a one-dollar coin.

名 ペット

▶ 私(わたし)たちのペットはりくのズボンが好(す)きです。

01/日常生活

名 おもちゃ

▶ あなたはどんなおもちゃを持(も)っていますか。

01/日常生活

名 ビー玉(だま)

▶ このアメはビー玉(だま)みたいです。

01/日常生活

名 キログラム

▶ あなたは牛肉(ぎゅうにく) 1 キログラムを食(た)べられますか。

01/日常生活

名 硬貨(こうか)

▶ 私(わたし)は 1 ドル硬貨(こうか)を持(も)っています。

02/動きや状態を表す言葉

4級

becóme

ビカム [bikʌ́m]

I want to become a singer.

02/動きや状態を表す言葉

5級

begín

ビギン [bigín]

Let's begin the birthday party.

02/動きや状態を表す言葉

5級

brush

ブラッシ [brʌʃ]

Brush your teeth after dinner.

02/動きや状態を表す言葉

5級

buy

バイ [bai]

I want to buy this ice cream.

064

02/動きや状態を表す言葉

4級

チェック [tʃek]

Please check the news on the Internet.

02/動きや状態を表す言葉

動 ～になる

061 ▶ 私は歌手になりたいです。

02/動きや状態を表す言葉

動 ～を始める，始まる

062 ▶ 誕生日パーティーを始めましょう。

02/動きや状態を表す言葉

動 (ブラシで)～をみがく

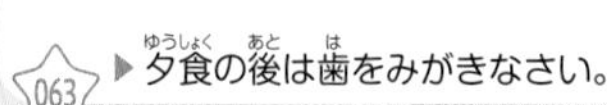

063 ▶ 夕食の後は歯をみがきなさい。

02/動きや状態を表す言葉

動 ～を買う

064 ▶ 私はこのアイスクリームを買いたいです。

02/動きや状態を表す言葉

動 ～をチェックする

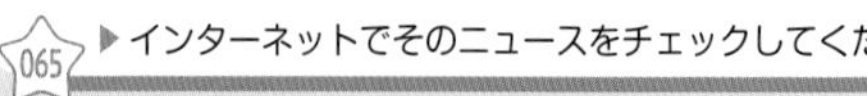

065 ▶ インターネットでそのニュースをチェックしてください。

02/動きや状態を表す言葉

5級

clean

クリーン [kli:n]

Is Riku cleaning his room?

066

02/動きや状態を表す言葉

5級

come

カム [kʌm]

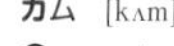

Come to the kitchen, Riku.

067

02/動きや状態を表す言葉

5級

cook

クック [kuk]

I can cook curry and rice.

068

02/動きや状態を表す言葉

5級

dance

ダンス [dæns]

My father dances to hip-hop music.

069

02/動きや状態を表す言葉

5級

do

ドゥー [du:]

I do my homework before dinner.

070

02/動きや状態を表す言葉

動 ～をきれいにする

066 ▶ りくは部屋（へや）をそうじしていますか。

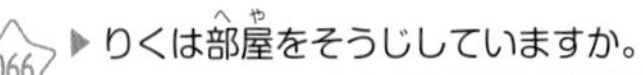

02/動きや状態を表す言葉

動 来（く）る

067 ▶ 台所（だいどころ）へ来（き）て，りく。

02/動きや状態を表す言葉

動 (～を)料理（りょうり）する

068 ▶ 私（わたし）はカレーライスを料理（りょうり）できます。

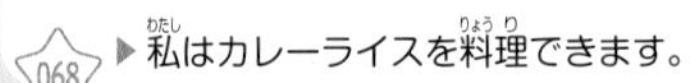

02/動きや状態を表す言葉

動 おどる

069 ▶ 私（わたし）の父（ちち）はヒップホップ音楽（おんがく）に合（あ）わせておどります。

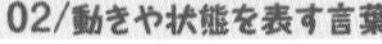

02/動きや状態を表す言葉

動 (～を)する

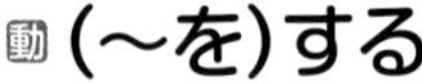

070 ▶ 私（わたし）は夕食（ゆうしょく）の前（まえ）に宿題（しゅくだい）をします。

4級

draw

ドゥロー [drɔ:]

I am drawing a picture of Sara.

02/動きや状態を表す言葉

5級

drink

ドゥリンク [driŋk]

Riku drinks a glass of milk after a bath.

02/動きや状態を表す言葉

4級

drive

ドゥライヴ [draiv]

My mother drives every day.

02/動きや状態を表す言葉

5級

eat

イート [i:t]

Can you eat this big burger?

02/動きや状態を表す言葉

5級

enjóy

インヂョイ [indʒɔ́i]

Please enjoy our music festival.

動 (絵・図)をかく

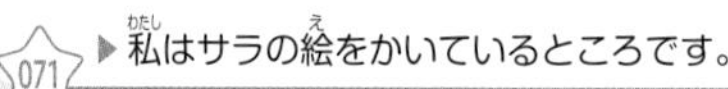

071 ▶ 私はサラの絵をかいているところです。

02/動きや状態を表す言葉

動 (飲み物)を飲む

072 ▶ りくはおふろの後にコップ１ぱいの牛乳を飲みます。

02/動きや状態を表す言葉

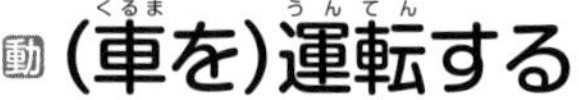

動 (車を)運転する

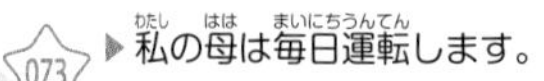

073 ▶ 私の母は毎日運転します。

02/動きや状態を表す言葉

動 (～を)食べる

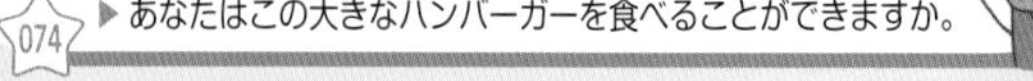

074 ▶ あなたはこの大きなハンバーガーを食べることができますか。

02/動きや状態を表す言葉

動 ～を楽しむ

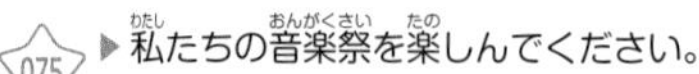

075 ▶ 私たちの音楽祭を楽しんでください。

02/動きや状態を表す言葉

4級

find

ふァインド [faind]

Please find my glasses.

076

02/動きや状態を表す言葉

4級

fínish

ふィニッシ [fíniʃ]

The baseball game finished at eight.

077

02/動きや状態を表す言葉

5級

get

ゲット [get]

We can get a map here.

078

02/動きや状態を表す言葉

5級

give

ギヴ [giv]

Riku, give your donut to me.

079

02/動きや状態を表す言葉

5級

go

ゴウ [gou]

She often goes to Brazil.

080

02/動きや状態を表す言葉

動 〜を見つける

076 ▶私のめがねを見つけてください。

02/動きや状態を表す言葉

動 終わる，〜を終える

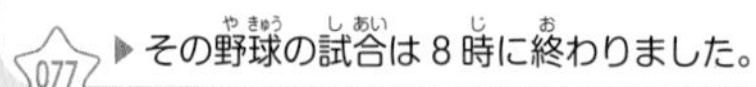
077 ▶その野球の試合は 8 時に終わりました。

02/動きや状態を表す言葉

動 〜を得る

078 ▶私たちはここで地図をもらえます。

02/動きや状態を表す言葉

動 〜をあげる

079 ▶りく，あなたのドーナツを私にちょうだい。

02/動きや状態を表す言葉

動 行く

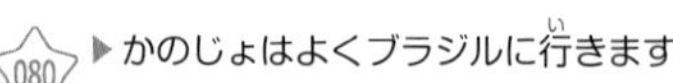
080 ▶かのじょはよくブラジルに行きます。

02/動きや状態を表す言葉

5級

have

ハヴ [hæv]

I don't have any money.

02/動きや状態を表す言葉

5級

help

へるプ [help]

The ant helped the grasshopper.

02/動きや状態を表す言葉

4級

join

チョイン [dʒɔin]

I joined the music club.

02/動きや状態を表す言葉

5級

jump

チャンプ [dʒʌmp]

The monkey jumped into the river.

02/動きや状態を表す言葉

5級

know

ノウ [nou]

Do you know the comedians?

02/動きや状態を表す言葉

動 ～を持っている

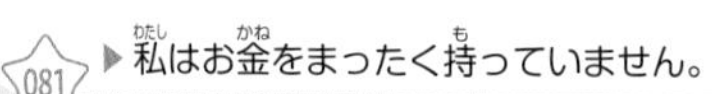

081 ▶ 私はお金をまったく持っていません。

02/動きや状態を表す言葉

動 (～を)助ける，手伝う

082 ▶ そのアリはキリギリスを助けました。

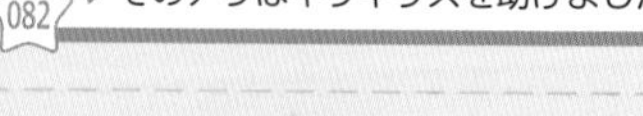

02/動きや状態を表す言葉

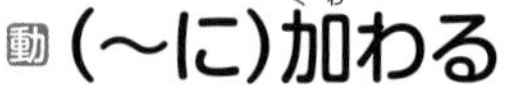

動 (～に)加わる

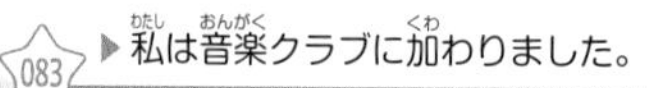

083 ▶ 私は音楽クラブに加わりました。

02/動きや状態を表す言葉

動 とぶ

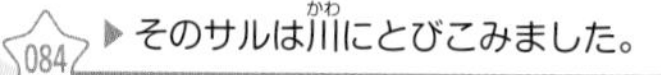

084 ▶ そのサルは川にとびこみました。

02/動きや状態を表す言葉

動 (～を)知っている

085 ▶ あなたはそのお笑い芸人たちを知っていますか。

4級

leave

りーヴ [liːv]

I leave home at eight.

02/動きや状態を表す言葉

5級

like

らイク [laik]

I like music very much.

02/動きや状態を表す言葉

5級

look

るック [luk]

Look at your face!

02/動きや状態を表す言葉

5級

love

らヴ [lʌv]

Aya loves donuts.

02/動きや状態を表す言葉

5級

make

メイク [meik]

Tomoko often makes big donuts for Aya.

02/動きや状態を表す言葉

動 (〜を)出発する

086 ▶ 私は 8 時に家を出発します。

02/動きや状態を表す言葉

動 〜を好む

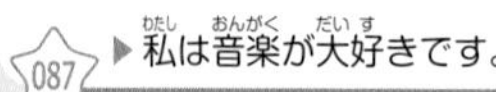

087 ▶ 私は音楽が大好きです。

02/動きや状態を表す言葉

動 (注意して)見る

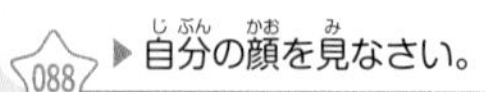

088 ▶ 自分の顔を見なさい。

02/動きや状態を表す言葉

動 〜を愛する

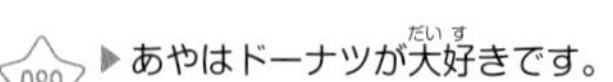

089 ▶ あやはドーナツが大好きです。

02/動きや状態を表す言葉

動 〜を作る

090 ▶ ともこはよく，あやに大きなドーナツを作ります。

02/動きや状態を表す言葉

meet

ミート [miːt]

I want to meet the singer.

091

02/動きや状態を表す言葉

need

ニード [niːd]

I need one more donut.

092

02/動きや状態を表す言葉

ópen

オウプン [óup(ə)n]

Open your eyes, Riku!

093

02/動きや状態を表す言葉

paint

ペイント [peint]

Takao is painting the bench.

094

02/動きや状態を表す言葉

play

プれイ [plei]

Takao and Riku play baseball on Sundays.

02/動きや状態を表す言葉

動 (～に)会う

091 ▶私はその歌手に会いたいです。

02/動きや状態を表す言葉

動 ～を必要とする

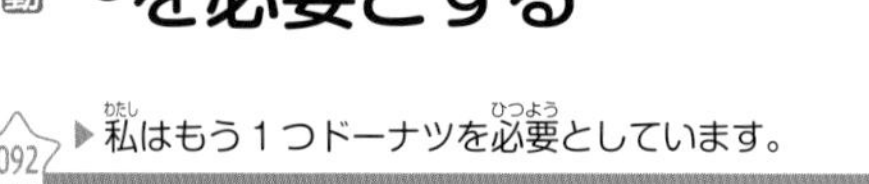

092 ▶私はもう１つドーナツを必要としています。

02/動きや状態を表す言葉

動 (～を)開く

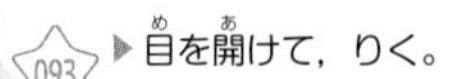

093 ▶目を開けて，りく。

02/動きや状態を表す言葉

動 ～にペンキをぬる

094 ▶たかおはベンチにペンキをぬっているところです。

02/動きや状態を表す言葉

動 (競技・遊びなど)をする

095 ▶たかおとりくは毎週日曜日に野球をします。

02/動きや状態を表す言葉

5級

práctice

プラクティス [prǽktis]

Aya practices a play for the drama festival.

02/動きや状態を表す言葉

5級

put

プット [put]

Please don’t put *wasabi* in my sushi.

02/動きや状態を表す言葉

5級

read

リード [ri:d]

Selina reads books about Japanese sweets.

098

02/動きや状態を表す言葉

4級

ride

ライド [raid]

Selina rides her bike on weekends.

02/動きや状態を表す言葉

5級

run

ラン [rʌn]

Riku runs to school every morning.

動 (～を)練習する

096 ▶ あやは学芸会にむけて劇を練習します。

動 ～を置く

097 ▶ 私のすしにはワサビを入れないでください。

動 (～を)読む

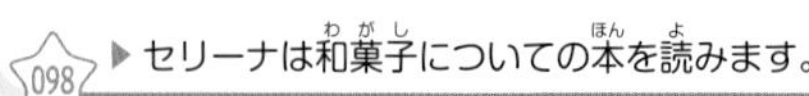

098 ▶ セリーナは和菓子についての本を読みます。

動 (～に)乗る

099 ▶ セリーナは毎週末，自転車に乗ります。

動 走る

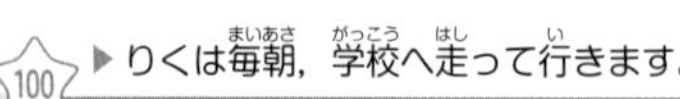

100 ▶ りくは毎朝，学校へ走って行きます。

02/動きや状態を表す言葉

5級

see

スィー [siː]

I can see some beautiful birds.

101

02/動きや状態を表す言葉

4級

send

センド [send]

I want to send this letter to Ann.

102

02/動きや状態を表す言葉

5級

sing

スィング [siŋ]

Aya always sings in the bathroom.

103

02/動きや状態を表す言葉

5級

sit

スィット [sit]

Riku is sitting on the bench.

104

02/動きや状態を表す言葉

5級

ski

スキー [skiː]

We can't ski in summer.

105

02/動きや状態を表す言葉

動 (～を)見る

101 ▶美しい鳥が何羽か見えます。

02/動きや状態を表す言葉

動 ～を送る

102 ▶ぼくはアンにこの手紙を送りたいです。

02/動きや状態を表す言葉

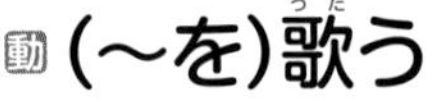

動 (～を)歌う

103 ▶あやはいつもおふろ場で歌います。

02/動きや状態を表す言葉

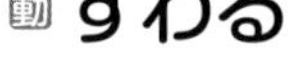

動 すわる

104 ▶りくはベンチにすわっています。

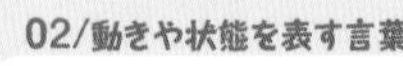

02/動きや状態を表す言葉

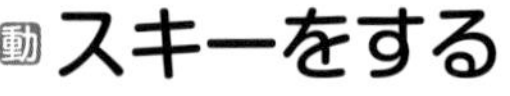

動 スキーをする

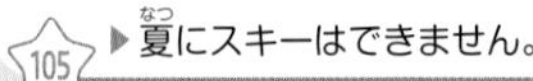

105 ▶夏にスキーはできません。

02/動きや状態を表す言葉

5級

smile

スマイる [smail]

Ms. Dean smiles at us every day.

02/動きや状態を表す言葉

5級

speak

スピーク [spi:k]

Tomoko speaks good English.

02/動きや状態を表す言葉

5級

stand

スタンド [stænd]

Stand up, please.

02/動きや状態を表す言葉

5級

start

スタート [stɑ:*r*t]

Aya started her homework an hour ago.

02/動きや状態を表す言葉

5級

stop

スタ(ー)ップ [stɑ(:)p]

Stop, Riku!

02/動きや状態を表す言葉

動 ほほえむ

106 ▶ディーン先生は毎日私たちにほほえみます。

02/動きや状態を表す言葉

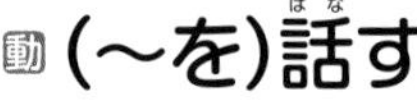

動 (〜を)話す

107 ▶ともこは上手な英語を話します。

02/動きや状態を表す言葉

動 立つ

108 ▶立ってください。

02/動きや状態を表す言葉

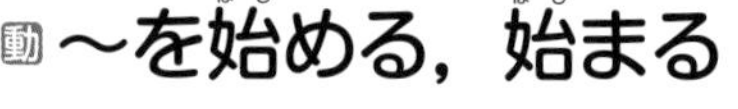

動 〜を始める，始まる

109 ▶あやは 1 時間前に宿題を始めました。

02/動きや状態を表す言葉

動 止まる，〜を止める

110 ▶止まって，りく。

02/動きや状態を表す言葉

5級

stúdy

スタディ [stʌ́di]

I study thirty minutes a day.

111

02/動きや状態を表す言葉

5級

swim

スウィム [swim]

Don't swim in this river.

112

02/動きや状態を表す言葉

5級

talk

トーク [tɔ:k]

Aya always talks with her friends.

113

02/動きや状態を表す言葉

5級

teach

ティーチ [ti:tʃ]

Ms. Dean teaches English at school.

114

02/動きや状態を表す言葉

4級

tell

テる [tel]

Please tell me about that girl.

115

02/動きや状態を表す言葉

動 (～を)勉強(べんきょう)する

111 ▶私(わたし)は1日(にち)30分勉強(ぶんべんきょう)します。

02/動きや状態を表す言葉

動 泳(およ)ぐ

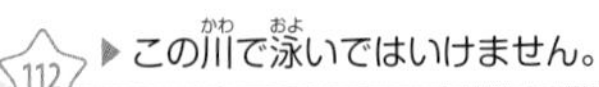

112 ▶この川(かわ)で泳(およ)いではいけません。

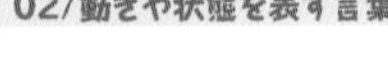

02/動きや状態を表す言葉

動 話(はな)す

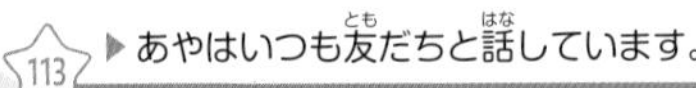

113 ▶あやはいつも友(とも)だちと話(はな)しています。

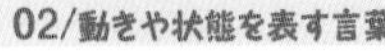

02/動きや状態を表す言葉

動 (学科(がっか)など)を教(おし)える

114 ▶ディーン先生(せんせい)は学校(がっこう)で英語(えいご)を教(おし)えています。

02/動きや状態を表す言葉

動 (～を)話(はな)す，言(い)う

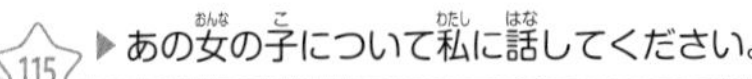

115 ▶あの女(おんな)の子(こ)について私(わたし)に話(はな)してください。

02/動きや状態を表す言葉

5級

think

すィンク [θiŋk]

Aya always thinks about donuts.

02/動きや状態を表す言葉

4級

try

トゥライ [trai]

Let's try this curry.

02/動きや状態を表す言葉

4級

turn

ター～ン [təːrn]

Takao can turn pizza in the air.

02/動きや状態を表す言葉

4級

understand

アンダスタンド [ʌ̀ndərstǽnd]

I can't understand my father.

02/動きや状態を表す言葉

5級

use

ユーズ [juːz]

Riku uses many tissues in spring.

動 考える

116 ▶あやはいつもドーナツのことを考えています。

動 ～を試す

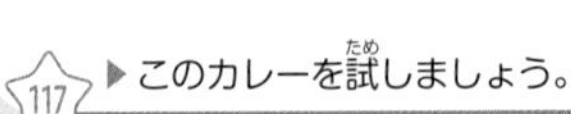

117 ▶このカレーを試しましょう。

動 ～を回す

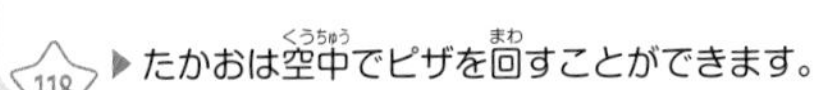

118 ▶たかおは空中でピザを回すことができます。

動 (～を)理解する

119 ▶私は父の言うことが理解できません。

動 ～を使う

120 ▶りくは春にティッシュペーパーをたくさん使います。

02/動きや状態を表す言葉

4級

visit

ヴィズィット [vízət]

Selina often visits a Japanese sweets shop.

121

02/動きや状態を表す言葉

5級

walk

ウォーク [wɔːk]

Takao walks to the station every day.

122

02/動きや状態を表す言葉

5級

want

ワ(ー)ント [wɑ(ː)nt]

I want a rabbit for my pet.

123

02/動きや状態を表す言葉

5級

wash

ワ(ー)ッシ [wɑ(ː)ʃ]

Riku washes the dishes after dinner.

124

02/動きや状態を表す言葉

5級

watch

ワ(ー)ッチ [wɑ(ː)tʃ]

My father watches baseball games on TV.

125

02/動きや状態を表す言葉

動 ～を訪(おとず)れる

121 ▶セリーナはよく和菓子屋(わがしや)さんを訪(おとず)れます。

02/動きや状態を表す言葉

動 歩(ある)く

122 ▶たかおは毎日(まいにち)，駅(えき)まで歩(ある)きます。

02/動きや状態を表す言葉

動 ～がほしい

123 ▶私(わたし)はペットにウサギがほしいです。

02/動きや状態を表す言葉

動 ～を洗(あら)う

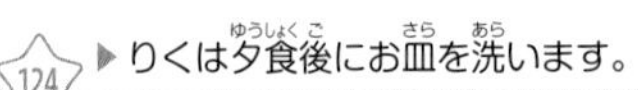

124 ▶りくは夕食後(ゆうしょくご)にお皿(さら)を洗(あら)います。

02/動きや状態を表す言葉

動 ～を見(み)る

125 ▶私(わたし)の父(ちち)はテレビで野球(やきゅう)の試合(しあい)を見(み)ます。

02/動きや状態を表す言葉

5級

work

ワ～ク [wəːrk]

My father worked very hard today.

02/動きや状態を表す言葉

5級

write

ライト [rait]

Riku is writing a letter to Ann.

03/人・からだ

5級

fámily

ふァミりィ [fǽm(ə)li]

There are four members in my family.

03/人・からだ

5級

fáther

ふァーざァ [fάːðər]

My father works at a small office.

03/人・からだ

5級

móther

マざァ [mʌ́ðər]

I help my mother on Sundays.

02/動きや状態を表す言葉

動 働く

126 ▶私の父は今日，とても一生懸命に働きました。

02/動きや状態を表す言葉

動（手紙）を書く

127 ▶りくはアンに手紙を書いているところです。

03/人・からだ

名 家族

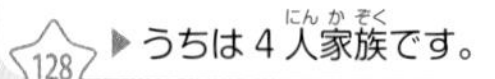

128 ▶うちは 4 人家族です。

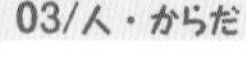

03/人・からだ

名 父

129 ▶私の父は小さな事務所で働いています。

03/人・からだ

名 母

130 ▶私は毎週日曜日，母を手伝います。

5級

bróther

ブラざァ [brʌ́ðər]

Riku is my brother.

131

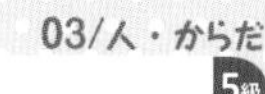

03/人・からだ

5級

síster

スィスタァ [sístər]

My sister eats a lot.

132

03/人・からだ

5級

grándfather

グラン(ド)ふァーざァ [grǽn(d)fà:ðər]

My grandfather often plays soccer with Riku.

133

03/人・からだ

5級

grándmother

グラン(ド)マざァ [grǽn(d)mʌ̀ðər]

My grandmother likes *kabuki*.

134

03/人・からだ

4級

cóusin

カズン [kʌ́z(ə)n]

My cousin is Italian.

135

03/人・からだ

名 兄(あに), 弟(おとうと)

131 ▶りくは私(わたし)の弟(おとうと)です。

03/人・からだ

名 姉(あね), 妹(いもうと)

132 ▶ぼくの姉(あね)はたくさん食(た)べます。

03/人・からだ

名 祖父(そふ)

133 ▶私(わたし)の祖父(そふ)はよく，りくとサッカーをします。

03/人・からだ

名 祖母(そぼ)

134 ▶私(わたし)の祖母(そぼ)は歌舞伎(かぶき)が好(す)きです。

03/人・からだ

名 いとこ

135 ▶私(わたし)のいとこはイタリア人(じん)です。

03/人・からだ
5級

friend

ふレンド [frend]

Shogo is Riku's best friend.

03/人・からだ
5級

péople

ピープる [píːpl]

Many people are swimming.

03/人・からだ
5級

man

マン [mæn]

A man is talking about baseball with Takao.

03/人・からだ
5級

wóman

ウマン [wúmən]

A woman is looking at the map.

03/人・からだ
5級

boy

ボイ [bɔi]

Riku is an active boy.

03/人・からだ

名 友(とも)だち

136 ▶しょうごはりくのいちばんの友(とも)だちです。

03/人・からだ

名 人々(ひとびと)

137 ▶多(おお)くの人々(ひとびと)が泳(およ)いでいます。

03/人・からだ

名 男性(だんせい)

138 ▶1人(ひとり)の男性(だんせい)が，野球(やきゅう)についてたかおと話(はな)しています。

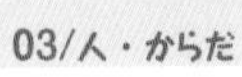

03/人・からだ

名 女性(じょせい)

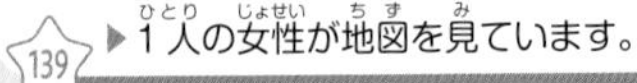

139 ▶1人(ひとり)の女性(じょせい)が地図(ちず)を見(み)ています。

03/人・からだ

名 男(おとこ)の子(こ)

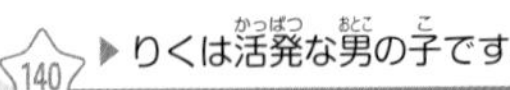

140 ▶りくは活発(かっぱつ)な男(おとこ)の子(こ)です。

5級

girl

ガ〜る [gə:rl]

Riku loves that cute girl.

141

4級

children

チるドゥレン [tʃíldr(ə)n]

Takao wants nine children.

142

4級

king

キンᵍ [kiŋ]

The king is wearing nice clothes.

143

4級

queen

クウィーン [kwi:n]

The word “queen” starts with “q.”

144

5級

head

ヘッド [hed]

Touch your head.

145

03/人・からだ

名 女(おんな)の子(こ)

141 ▶りくはあのかわいい女(おんな)の子(こ)が大好(だいす)きです。

03/人・からだ

名 子(こ)どもたち(単数形(たんすうけい)は child)

142 ▶たかおは 9 人(にん)の子(こ)どもをほしがっています。

03/人・からだ

名 王(おう)

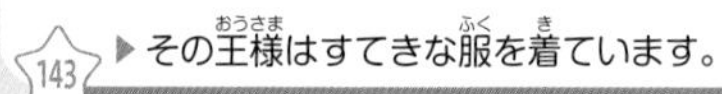

143 ▶その王様(おうさま)はすてきな服(ふく)を着(き)ています。

03/人・からだ

名 女王(じょおう)

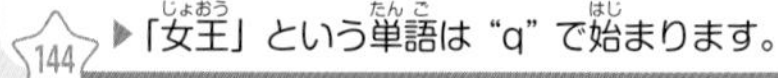

144 ▶「女王(じょおう)」という単語(たんご)は "q" で始(はじ)まります。

03/人・からだ

名 頭(あたま)

145 ▶頭(あたま)にふれなさい。

03/人・からだ

5級

face

ふエイス [feis]

My cat has a round face.

146

03/人・からだ

eye

アイ [ai]

My cousin has big eyes.

147

03/人・からだ

nose

ノウズ [nouz]

Sara's nose is small.

148

03/人・からだ

5級

mouth

マウす [mauθ]

A mouse has a piece of cheese in its mouth.

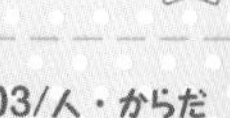

149

03/人・からだ

5級

teeth

ティーす [ti:θ]

He can open a bottle with his teeth.

150

03/人・からだ

名 顔(かお)

146 ▶ 私(わたし)のネコの顔(かお)は丸(まる)いです。

03/人・からだ

名 目(め)

147 ▶ 私(わたし)のいとこは目(め)が大(おお)きいです。

03/人・からだ

名 鼻(はな)

148 ▶ サラの鼻(はな)は小(ちい)さいです。

03/人・からだ

名 口(くち)

149 ▶ ネズミが口(くち)にチーズを1切(き)れくわえています。

03/人・からだ

名 歯(は)(複数形(ふくすうけい))(単数形(たんすうけい)は tooth)

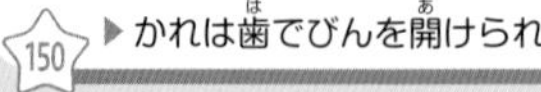

150 ▶ かれは歯(は)でびんを開(あ)けられます。

03/人・からだ

3級

ear

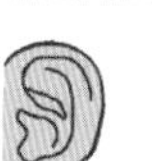

イア [iər]

Rabbits have long ears.

03/人・からだ

5級

hair

ヘア [heər]

Riku's hair is very short.

03/人・からだ

heart

ハート [hɑːrt]

My mother has a strong heart.

03/人・からだ

5級

shóulder

ショウるダァ [ʃóuldər]

The girl has a bird on her shoulder.

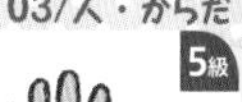

hand

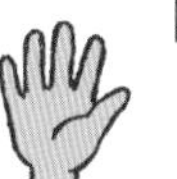

ハンド [hænd]

What do you have in your hand?

名 耳（みみ）

151 ▶ウサギは耳（みみ）が長（なが）いです。

名 かみの毛（け）

152 ▶りくのかみの毛（け）はとても短（みじか）いです。

名 心臓（しんぞう），心（こころ）

153 ▶私（わたし）の母（はは）は強（つよ）い心（こころ）を持（も）っています。

名 かた

154 ▶女（おんな）の子（こ）がかたに鳥（とり）をのせています。

名 手（て）

155 ▶あなたは手（て）に何（なに）を持（も）っているのですか。

03/人・からだ

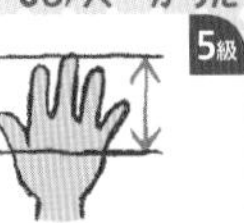

finger

ふィンガァ [fíŋgər]

I cut my finger!

03/人・からだ

5級

leg

れッグ [leg]

Insects have six legs.

03/人・からだ

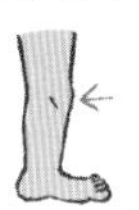

knee

ニー [niː]

I skinned my knee.

03/人・からだ

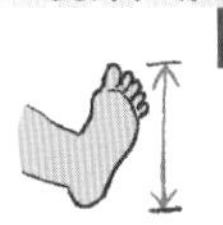

foot

ふット [fut]

My right foot hurts.

03/人・からだ

toe

トウ [tou]

Can you touch your toes?

03/人・からだ

名 (手の)指

156 ▶ 指を切っちゃった。

03/人・からだ

名 あし

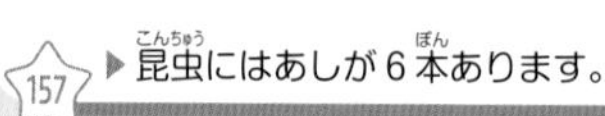

157 ▶ 昆虫にはあしが 6 本あります。

03/人・からだ

名 ひざ

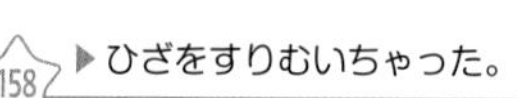

158 ▶ ひざをすりむいちゃった。

03/人・からだ

名 足(複数形は feet)

159 ▶ 右足が痛いです。

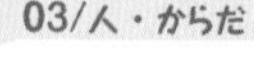

03/人・からだ

名 つま先

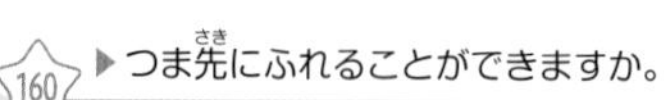

160 ▶ つま先にふれることができますか。

04/家 5級

house

ハウス [haus]

This is my house.

161

04/家 5級

táble

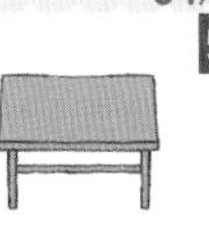

テイブる [téibl]

Look at that large table.

162

04/家 5級

sófa

ソウふァ [sóufə]

This sofa is two meters wide.

163

04/家 5級

wíndow

ウィンドウ [wíndou]

We clean fifty windows every week.

164

04/家 5級

kítchen

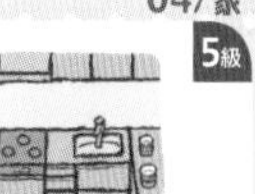

キチン [kítʃ(ə)n]

The kitchen is very big.

165

04/家

名 家

161 ▶これが私の家です。

04/家

名 テーブル

162 ▶あの大きなテーブルを見てください。

04/家

名 ソファー

163 ▶このソファーは，はば 2 メートルです。

04/家

名 窓

164 ▶私たちは毎週，50 枚の窓をそうじします。

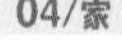
04/家

名 台所

165 ▶その台所はとても大きいです。

04/家 5級

room

ルーム [ruːm]

My house has fifteen rooms.

166

04/家 5級

door

ドー [dɔːr]

I can't open the door.

167

04/家 5級

desk

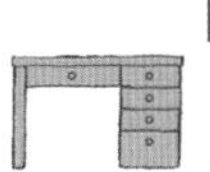

デスク [desk]

Riku is sleeping at his desk.

168

04/家 5級

chair

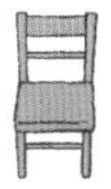

チェア [tʃeər]

How much is this chair?

169

04/家 4級

bath

バす [bæθ]

Take a bath before dinner.

170

04/家

名 部屋

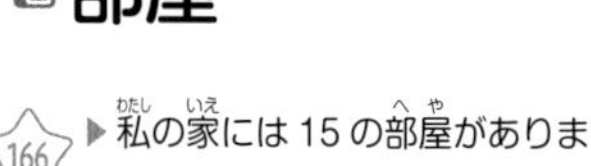

166 ▶ 私の家には 15 の部屋があります。

04/家

名 戸，ドア

167 ▶ 私はそのドアを開けられません。

04/家

名 机

168 ▶ りくは机でねむっています。

04/家

名 いす

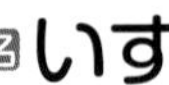

169 ▶ このいすはいくらですか。

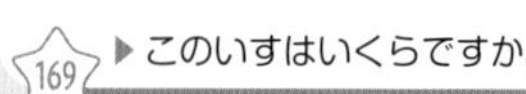

04/家

名 ふろ

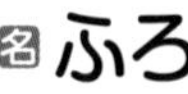

170 ▶ 夕食の前にふろに入りなさい。

04/家
5級

bathroom

バすルーム [bǽθru:m]

Aya is taking a shower in the bathroom.

04/家
5級

bedroom

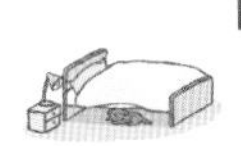

ベッドルーム [bédru:m]

I want my bedroom.

04/家
5級

bed

ベッド [bed]

Don't dance on the bed.

04/家
5級

garden

ガードゥン [gá:rd(ə)n]

You can see beautiful flowers in the garden.

04/家
5級

doghouse

ド(ー)グハウス [dɔ́(:)ghaus]

Let's make a doghouse.

04/家

名 浴室（よくしつ）

171 ▶ あやは浴室（よくしつ）でシャワーをあびています。

04/家

名 寝室（しんしつ）

172 ▶ 私（わたし）は自分（じぶん）の寝室（しんしつ）がほしいです。

04/家

名 ベッド

173 ▶ ベッドの上（うえ）でおどってはいけません。

04/家

名 庭（にわ）

174 ▶ 庭（にわ）できれいな花（はな）を見（み）ることができます。

04/家

名 犬小屋（いぬごや）

175 ▶ 犬小屋（いぬごや）を作（つく）りましょう。

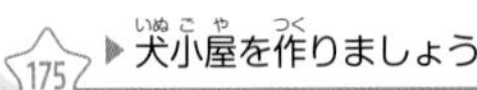

5級

bréakfast

ブレックふァスト [brékfəst]

Selina has *natto* and *miso* soup for breakfast.

176

05/食べ物・飲み物

5級

lunch

らンチ [lʌntʃ]

Wash your hands before lunch.

177

05/食べ物・飲み物

5級

dínner

ディナァ [dínər]

Riku, dinner is ready!

178

05/食べ物・飲み物

5級

food

ふード [fu:d]

Natto is a kind of Japanese food.

179

05/食べ物・飲み物

4級

beef

ビーふ [bi:f]

Today's dinner is beef curry.

180

05/食べ物・飲み物

名 朝食（ちょうしょく）

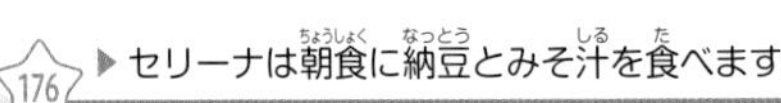

176 ▶ セリーナは朝食に納豆とみそ汁を食べます。

05/食べ物・飲み物

名 昼食（ちゅうしょく）

177 ▶ 昼食の前に手を洗いなさい。

05/食べ物・飲み物

名 夕食（ゆうしょく）

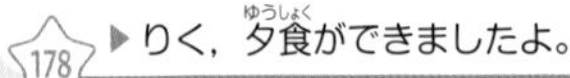

178 ▶ りく，夕食ができましたよ。

05/食べ物・飲み物

名 食べ物（たべもの）

179 ▶ 納豆は和食の一種です。

05/食べ物・飲み物

名 牛肉（ぎゅうにく）

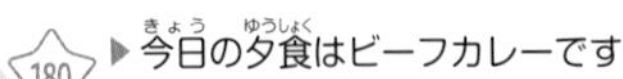

180 ▶ 今日の夕食はビーフカレーです。

pork

ポーク [pɔːrk]

In some countries, people never eat pork.

181

4級

chícken

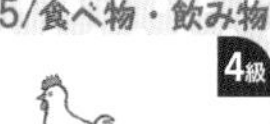

チキン [tʃíkin]

Roast chicken is my favorite dish.

182

5級

fish

ふィッシ [fiʃ]

Today's dinner is fried fish.

183

5級

rice

ライス [rais]

Aya loves rice.

184

5級

egg

エッグ [eg]

The name of the egg is Humpty Dumpty.

185

名 ぶた肉

181 ▶人々が決してぶた肉を食べない国もあります。

05/食べ物・飲み物

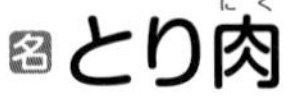

名 とり肉

182 ▶ローストチキンは私の大好きな料理です。

05/食べ物・飲み物

名 魚

183 ▶今日の夕食は魚のフライです。

05/食べ物・飲み物

名 米

184 ▶あやはお米が大好きです。

05/食べ物・飲み物

名 卵

185 ▶その卵の名前はハンプティダンプティです。

05/食べ物・飲み物

5級

súgar

シュガァ [ʃúgər]

Pass me the sugar, please.

186

05/食べ物・飲み物

5級

bread

ブレッド [bred]

That store sells delicious bread.

187

05/食べ物・飲み物

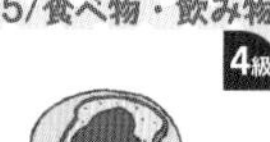

4級

toast

トウスト [toust]

I eat toast with jam.

188

05/食べ物・飲み物

5級

sándwich

サン(ド)ウィッチ [sǽn(d)witʃ]

Her lunch is always sandwiches.

189

05/食べ物・飲み物

5級

búrger

バ～ガァ [bə́ːrgər]

Let's eat burgers!

190

名 砂糖（さとう）

186 ▶砂糖（さとう）をとってください。

05/食べ物・飲み物

名 パン

187 ▶あの店（みせ）はとてもおいしいパンを売（う）っています。

05/食べ物・飲み物

名 トースト

188 ▶私（わたし）はジャムをつけてトーストを食（た）べます。

05/食べ物・飲み物

名 サンドイッチ

189 ▶かのじょの昼食（ちゅうしょく）はいつもサンドイッチです。

05/食べ物・飲み物

名 ハンバーガー

190 ▶ハンバーガーを食（た）べましょう。

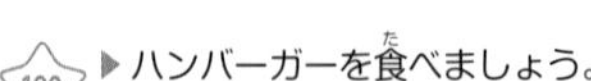

05/食べ物・飲み物

5級

hámburger

ハンバ〜ガァ [hǽmbəːrgər]

Don't eat a hamburger in the car.

191

05/食べ物・飲み物

5級

pie

パイ [pai]

Selina's mother often makes apple pies.

192

05/食べ物・飲み物

5級

pízza

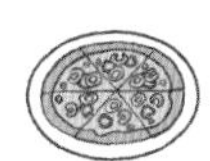

ピーツァ [píːtsə]

Pizza is fast food in America.

193

05/食べ物・飲み物

5級

spaghétti

スパゲティ [spəgéti]

Some people eat spaghetti with chopsticks.

194

05/食べ物・飲み物

cúrry and rice

カ〜リィ アン ライス [kə́ːri ən rais]

Takao's curry and rice is delicious.

195

05/食べ物・飲み物

名 ハンバーガー

191 ▶ 車(くるま)の中(なか)でハンバーガーを食(た)べないでください。

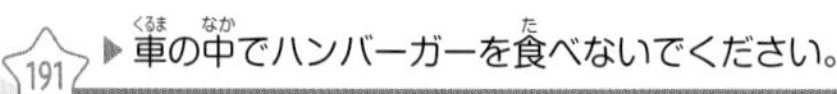

05/食べ物・飲み物

名 パイ

192 ▶ セリーナの母親(ははおや)はよくアップルパイを作(つく)ります。

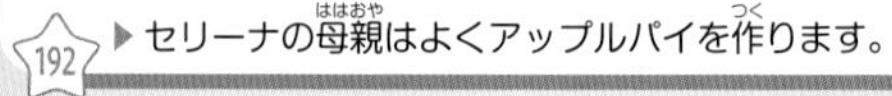

05/食べ物・飲み物

名 ピザ

193 ▶ ピザはアメリカではファストフードです。

05/食べ物・飲み物

名 スパゲッティ

194 ▶ スパゲッティをはしで食(た)べる人(ひと)もいます。

05/食べ物・飲み物

名 カレーライス

195 ▶ たかおのカレーライスはとてもおいしいです。

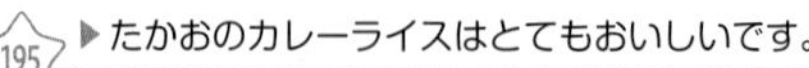

5級

sushi

スーシィ [sú:ʃi]

"Sushi" is now an international word.

196

05/食べ物・飲み物

grilled fish

グリるド ふィッシ [grìld fíʃ]

Takao likes grilled fish.

05/食べ物・飲み物

French fries

ふレンチ ふライズ [frentʃ fráiz]

Riku is eating a hamburger and French fries.

05/食べ物・飲み物

steak

ステイク [steik]

What a thin steak!

05/食べ物・飲み物

sausage

ソ(ー)セッヂ [sɔ́(:)sidʒ]

This sausage is very hot.

05/食べ物・飲み物

名 すし

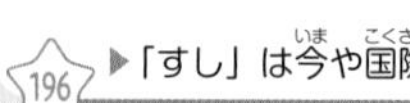

196 ▶「すし」は今や国際的な言葉です。

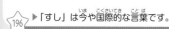

05/食べ物・飲み物

名 焼き魚

197 ▶たかおは焼き魚が好きです。

05/食べ物・飲み物

名 フライドポテト

198 ▶りくはハンバーガーとフライドポテトを食べています。

05/食べ物・飲み物

名 ステーキ

199 ▶何てうすいステーキだろう。

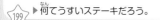

05/食べ物・飲み物

名 ソーセージ

200 ▶このソーセージはとても熱いです。

05/食べ物・飲み物

5級

ham

ハム [hæm]

Sara is eating ham.

201

05/食べ物・飲み物

5級

sálad

サラッド [sǽləd]

That lunch comes with a salad.

202

05/食べ物・飲み物

5級

soup

スープ [su:p]

In English, people sometimes say "eat soup."

203

05/食べ物・飲み物

5級

yógurt

ヨウガト [jóugərt]

I like yogurt with honey.

204

05/食べ物・飲み物

4級

bútter

バタァ [bʌ́tər]

Please put some butter in this bowl.

205

05/食べ物・飲み物

名 ハム

201 ▶サラがハムを食べています。

05/食べ物・飲み物

名 サラダ

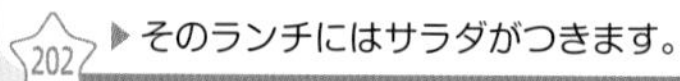

202 ▶そのランチにはサラダがつきます。

05/食べ物・飲み物

名 スープ

203 ▶英語では，ときどき「スープを食べる」と言います。

05/食べ物・飲み物

名 ヨーグルト

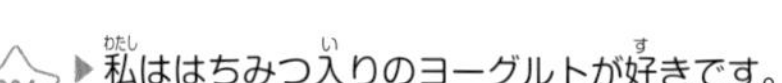

204 ▶私ははちみつ入りのヨーグルトが好きです。

05/食べ物・飲み物

名 バター

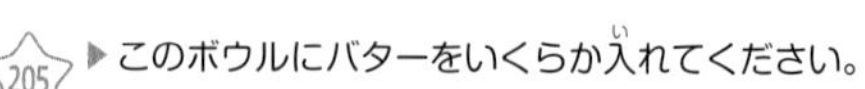

205 ▶このボウルにバターをいくらか入れてください。

05/食べ物・飲み物

5級

juice

チュース [dʒuːs]

I put ice into the juice.

206

05/食べ物・飲み物

5級

cóffee

コ(ー)ふィ [kɔ́(ː)fi]

Would you like some coffee?

05/食べ物・飲み物

5級

tea

ティー [tiː]

This tea is bitter.

05/食べ物・飲み物

Japanese téa

チャパニーズ ティー [dʒæpəniːz tíː]

This Japanese tea is too hot.

05/食べ物・飲み物

5級

milk

ミるク [milk]

Puppies are drinking their mother's milk.

05/食べ物・飲み物

名 ジュース

206 ▶私はジュースの中へ氷を入れました。

05/食べ物・飲み物

名 コーヒー

207 ▶コーヒーをいかがですか。

05/食べ物・飲み物

名 紅茶

208 ▶この紅茶は苦いです。

05/食べ物・飲み物

名 日本茶

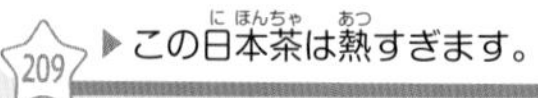

209 ▶この日本茶は熱すぎます。

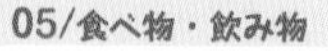

05/食べ物・飲み物

名 ミルク

210 ▶子犬たちは母乳を飲んでいます。

05/食べ物・飲み物

4級

snack

スナック [snæk]

Why do you eat a snack before dinner?

05/食べ物・飲み物

5級

cóokie

クッキィ [kúki]

Can I eat these cookies?

05/食べ物・飲み物

nut

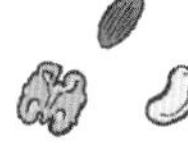

ナット [nʌt]

Nuts are good for our health.

05/食べ物・飲み物

pópcorn

パ(ー)ップコーン [pá(:)pkɔːrn]

Aya can't see a movie without popcorn.

05/食べ物・飲み物

5級

dessért

ディザ〜ト [dizə́ːrt]

Don't eat too much dessert.

05/食べ物・飲み物

名 スナック

211 ▶ なぜあなたは夕食前にスナックを食べるのですか。

05/食べ物・飲み物

名 クッキー

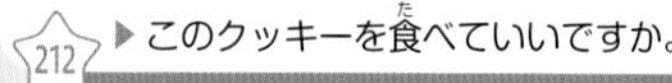

212 ▶ このクッキーを食べていいですか。

05/食べ物・飲み物

名 ナッツ

213 ▶ ナッツは私たちの健康によいです。

05/食べ物・飲み物

名 ポップコーン

214 ▶ あやはポップコーンなしに映画を見ることができません。

05/食べ物・飲み物

名 デザート

215 ▶ デザートをあまり食べすぎてはいけません。

5級

cake

ケイク [keik]

Let's make a Christmas cake!

216

05/食べ物・飲み物

5級

chócolate

チョークれット [tʃɔ́:klət]

I want to give this chocolate to Ann.

217

05/食べ物・飲み物

dónut

ドウナット [dóunʌt]

This donut doesn't have a hole.

218

05/食べ物・飲み物

3級

íce cream

アイス クリーム [áis kri:m]

I want ice cream for dessert.

219

05/食べ物・飲み物

parfáit

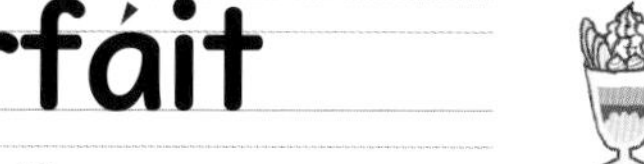

パーふエイ [pɑ:rféi]

This is a perfect parfait!

220

05/食べ物・飲み物

名 ケーキ

216 ▶クリスマスケーキを作(つく)りましょう。

05/食べ物・飲み物

名 チョコレート

217 ▶私(わたし)はアンにこのチョコレートをあげたいです。

05/食べ物・飲み物

名 ドーナツ

218 ▶このドーナツには穴(あな)があいていません。

05/食べ物・飲み物

名 アイスクリーム

219 ▶私(わたし)はデザートにアイスクリームがほしいです。

05/食べ物・飲み物

名 パフェ

220 ▶これはパーフェクト(完(かん)ぺき)なパフェですね。

06/野菜・果物

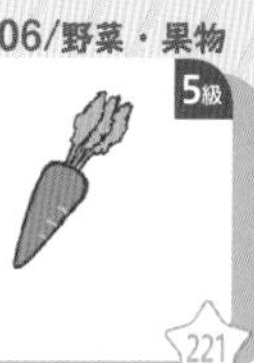

5級

carrot

キャロット [kǽrət]

Tomoko doesn't like carrots.

221

06/野菜・果物

5級

cucumber

キューカンバァ [kjúːkʌmbər]

Sara is afraid of cucumbers.

222

06/野菜・果物

4級

onion

アニョン [ʌ́njən]

Please go and buy onions for curry.

223

06/野菜・果物

5級

potato

ポテイトウ [pətéitou]

That isn't a potato!

224

06/野菜・果物

5級

pumpkin

パン(プ)キン [pʌ́m(p)kin]

Takao grows pumpkins for Halloween.

225

06/野菜・果物

名 ニンジン

221 ▶ともこはニンジンが好きではありません。

06/野菜・果物

名 キュウリ

222 ▶サラはキュウリをこわがります。

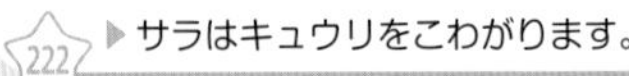

06/野菜・果物

名 タマネギ

223 ▶カレー用にタマネギを買いに行ってください。

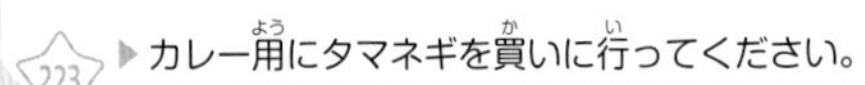

06/野菜・果物

名 ジャガイモ

224 ▶それはジャガイモではありません。

06/野菜・果物

名 カボチャ

225 ▶たかおはハロウィーンに向けてカボチャを育てています。

06/野菜・果物

5級

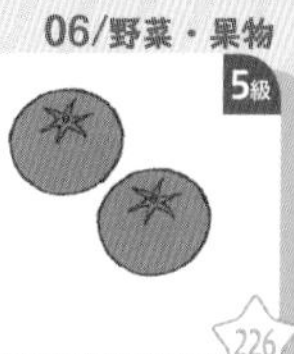

tomáto

トメイトウ [təméitou]

These tomatoes are big.

226

06/野菜・果物

5級

fruit

ふルート [fru:t]

What's your favorite fruit?

227

06/野菜・果物

5級

ápple

アプる [ǽpl]

Is this apple sweet or sour?

228

06/野菜・果物

5級

banána

バナナ [bənǽnə]

Riku is eating a banana for breakfast.

229

06/野菜・果物

4級

chérry

チェリィ [tʃéri]

Sometimes, cherries are expensive.

230

06/野菜・果物

名 トマト

226 ▶ これらのトマトは大(おお)きいです。

06/野菜・果物

名 果物(くだもの)

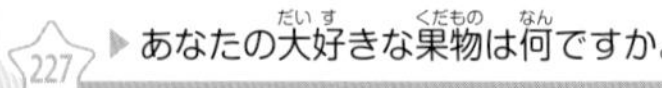

227 ▶ あなたの大好(だいす)きな果物(くだもの)は何(なん)ですか。

06/野菜・果物

名 リンゴ

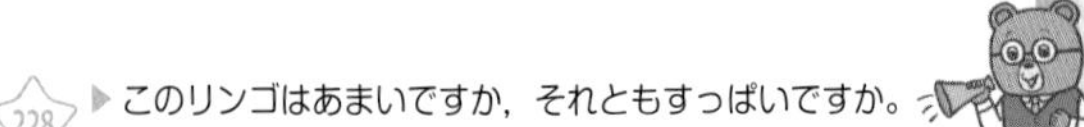

228 ▶ このリンゴはあまいですか，それともすっぱいですか。

06/野菜・果物

名 バナナ

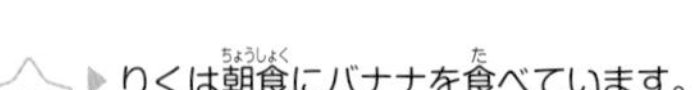

229 ▶ りくは朝食(ちょうしょく)にバナナを食(た)べています。

06/野菜・果物

名 サクランボ

230 ▶ ときに，サクランボは高価(こうか)です。

06/野菜・果物

5級

grape

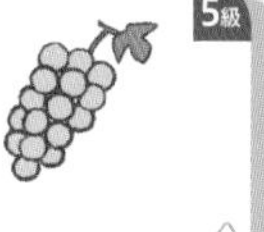

グレイプ [greip]

These are grapes for wine.

231

06/野菜・果物

lémon

レモン [lémən]

This lemon isn't sour.

232

06/野菜・果物

mélon

メろン [mélən]

We can't eat melon every day.

233

06/野菜・果物

5級

órange

オ(ー)レンヂ [ɔ́(ː)rindʒ]

Can you cut oranges for me?

234

06/野菜・果物

5級

peach

ピーチ [piːtʃ]

This peach is so sweet.

235

06/野菜・果物

名 ブドウ

231 ▶これらはワイン用(よう)のブドウです。

06/野菜・果物

名 レモン

232 ▶このレモンはすっぱくありません。

06/野菜・果物

名 メロン

233 ▶メロンを毎日(まいにち)食(た)べることはできません。

06/野菜・果物

名 オレンジ

234 ▶私(わたし)のためにオレンジを切(き)ってくれませんか。

06/野菜・果物

名 モモ

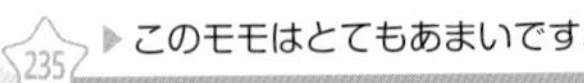

235 ▶このモモはとてもあまいです。

06/野菜・果物

5級

pineapple

パイナプる [páinæpl]

How can I cut this pineapple?

236

06/野菜・果物

5級

strawberry

ストゥローベリィ [strɔ́:bèri]

Tomoko is making strawberry jam.

237

06/野菜・果物

4級

watermelon

ウォータメろン [wɔ́:tərmèlən]

Let's do watermelon splitting.

238

07/色・形・数

5級

color

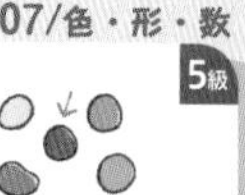

カらァ [kʌ́lər]

My favorite color is red.

239

07/色・形・数

5級

white

(フ)ワイト [(h)wait]

That white dog is Yamato's rival.

240

06/野菜・果物

名 パイナップル

236 ▶どうすればこのパイナップルを切(き)ることができますか。

06/野菜・果物

名 イチゴ

237 ▶ともこはイチゴジャムを作(つく)っています。

06/野菜・果物

名 スイカ

238 ▶スイカ割(わ)りをしましょう。

07/色・形・数

名 色(いろ)

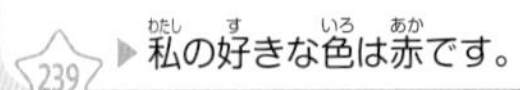

239 ▶私(わたし)の好(す)きな色(いろ)は赤(あか)です。

07/色・形・数

名 白(しろ)

形 白(しろ)い

240 ▶あの白(しろ)い犬(いぬ)はやまとのライバルです。

5級

black

ブラック [blæk]

Your coffee is black like ink.

241

07/色・形・数

5級

red

レッド [red]

Ann likes red.

242

07/色・形・数

5級

blue

ブるー [bluː]

The sky is blue.

243

07/色・形・数

5級

yéllow

イエろウ [jélou]

Many American people paint the sun in yellow.

244

07/色・形・数

5級

green

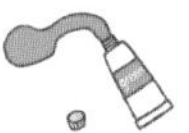

グリーン [griːn]

Sara has green eyes.

245

07/色・形・数

名 黒（くろ）

形 黒い（くろい）

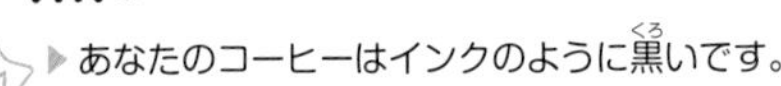

241 ▶ あなたのコーヒーはインクのように黒いです。

07/色・形・数

名 赤（あか）

形 赤い（あかい）

242 ▶ アンは赤が好きです。

07/色・形・数

名 青（あお）

形 青い（あおい）

243 ▶ 空は青いです。

07/色・形・数

名 形 黄色（きいろ）(の)

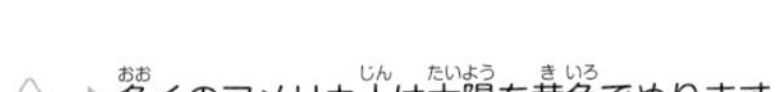

244 ▶ 多くのアメリカ人は太陽を黄色でぬります。

07/色・形・数

名 形 緑色（みどりいろ）(の)

245 ▶ サラは緑色の目をしています。

07/色・形・数

5級

brown

ブラウン [braun]

Ms. Dean has brown hair.

246

07/色・形・数

5級

órange

オ(ー)レンヂ [ɔ́(:)rindʒ]

Orange is Tomoko's lucky color.

247

07/色・形・数

5級

pink

ピンク [piŋk]

Masato is wearing a pink T-shirt.

248

07/色・形・数

5級

púrple

パ〜プる [pə́:rpl]

Masato is wearing a purple cap.

249

07/色・形・数

tríangle

トゥライアングる [tráiæŋgl]

That triangle is a traffic sign.

250

07/色・形・数

名 形 茶色(の)

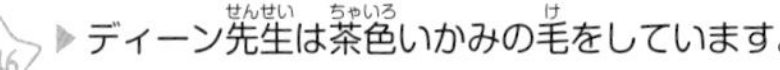

246 ▶ディーン先生は茶色いかみの毛をしています。

07/色・形・数

名 形 オレンジ色(の)

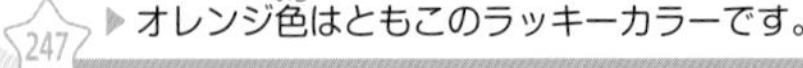

247 ▶オレンジ色はともこのラッキーカラーです。

07/色・形・数

名 形 ピンク色(の)

248 ▶まさとはピンク色のTシャツを着ています。

07/色・形・数

名 形 むらさき色(の)

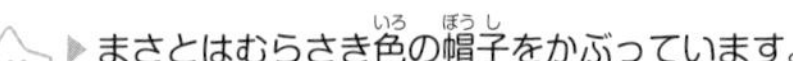

249 ▶まさとはむらさき色の帽子をかぶっています。

07/色・形・数

名 三角形

250 ▶あの三角形は交通標識です。

07/色・形・数

5級

númber

ナンバァ [nʌ́mbər]

What's Ann's phone number?

251

07/色・形・数

zéro

ズィ(ア)ロウ [zí(ə)rou]

Is this a "zero" or an "O"?

252

07/色・形・数

5級

one

ワン [wʌn]

One hamburger, please.

253

07/色・形・数

5級

two

トゥー [tuː]

Two people are in the kitchen.

254

07/色・形・数

5級

three

すリー [θriː]

Three little pigs are building their houses.

255

07/色・形・数

名 数，番号

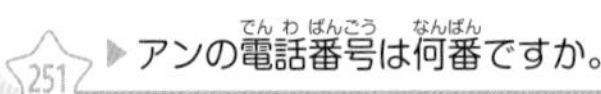

251 ▶アンの電話番号は何番ですか。

07/色・形・数

名 形 0(の)

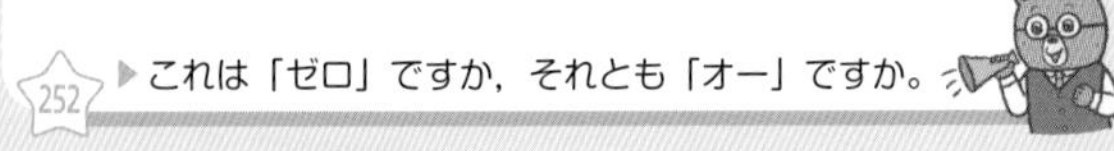

252 ▶これは「ゼロ」ですか，それとも「オー」ですか。

07/色・形・数

名 形 1(つの)

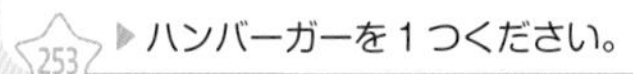

253 ▶ハンバーガーを１つください。

07/色・形・数

名 形 2(つの)

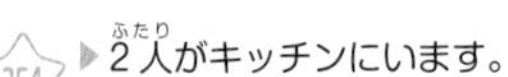

254 ▶２人がキッチンにいます。

07/色・形・数

名 形 3(つの)

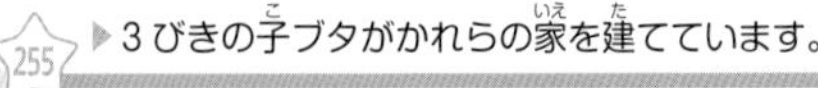

255 ▶３びきの子ブタがかれらの家を建てています。

5級

four

4

ふォー [fɔːr]

We have four seasons in Japan.

256

07/色・形・数

5級

five

ふァイヴ [faiv]

Our city has five supermarkets.

257

07/色・形・数

5級

six

スィックス [siks]

We have six cups of yogurt in the fridge.

258

07/色・形・数

5級

séven

セヴン [sév(ə)n]

Seven is a lucky number for Tomoko.

259

07/色・形・数

5級

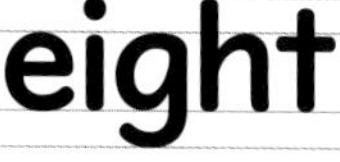

eight

エイト [eit]

Takao gets up at eight on Saturdays.

260

07/色・形・数

名 形 4(つの)

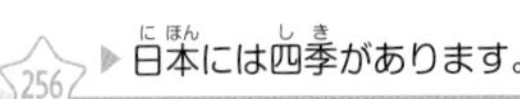

256 ▶ 日本には四季があります。

07/色・形・数

名 形 5(つの)

257 ▶ 私たちの市には 5 つのスーパーマーケットがあります。

07/色・形・数

名 形 6(つの)

258 ▶ 冷蔵庫には 6 カップのヨーグルトがあります。

07/色・形・数

名 形 7(つの)

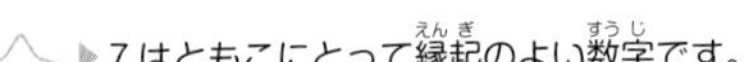

259 ▶ 7 はともこにとって縁起のよい数字です。

07/色・形・数

名 形 8(つの)

260 ▶ たかおは毎週土曜日は 8 時に起きます。

5級

nine

9

ナイン [nain]

Tomoko has nine bags.

261

5級

ten

10

テン [ten]

It's ten o'clock now.

262

5級

eléven

11

イれヴン [ilév(ə)n]

A soccer team needs eleven players.

263

5級

twelve

12

トゥウエるヴ [twelv]

Twelve donuts are in the box.

264

5級

thirtéen

13

さ～ティーン [θəːrtíːn]

Sara has thirteen friends.

265

名 形 9(つの)

261 ▶ともこは 9 このかばんを持っています。

07/色・形・数

名 形 10(の)

262 ▶今，10 時です。

07/色・形・数

名 形 11(の)

263 ▶1 つのサッカーチームには 11 人の選手が必要です。

07/色・形・数

名 形 12(の)

264 ▶12 個のドーナツが箱の中にあります。

07/色・形・数

名 形 13(の)

265 ▶サラには 13 びきの友だちがいます。

07/色・形・数

5級

fourtéen

14

ふォーティーン [fɔ̀ːrtíːn]

Aya visited the park fourteen times.

266

07/色・形・数

5級

fiftéen

15

ふィふティーン [fìftíːn]

Fifteen monkeys are in the zoo.

267

07/色・形・数

5級

sixtéen

16

スィクスティーン [sìkstíːn]

Riku's class has sixteen boys.

268

07/色・形・数

5級

seventéen

17

セヴンティーン [sèv(ə)ntíːn]

I am seventeen years old.

269

07/色・形・数

5級

eightéen

エイティーン [èitíːn]

Eighteen students are in the classroom.

270

名 形 14(の)

266 ▶ あやはその公園を 14 回訪れました。

07/色・形・数

名 形 15(の)

267 ▶ その動物園には 15 ひきのサルがいます。

07/色・形・数

名 形 16(の)

268 ▶ りくのクラスには 16 人の男の子がいます。

07/色・形・数

名 形 17(の)

269 ▶ 私は 17 さいです。

07/色・形・数

名 形 18(の)

270 ▶ 教室には 18 人の生徒がいます。

5級

nineteen

19

ナインティーン [nàintí:n]

You have nineteen days before the test, Riku.

271

5級

twenty

20

トゥウェンティ [twénti]

Takao watches baseball twenty times a month.

272

5級

thirty

30

さ～ティ [θə́:rti]

Our club has thirty members.

273

5級

forty

40

ふォーティ [fɔ́:rti]

This bridge is forty meters long.

274

5級

fifty

50

ふィふティ [fífti]

Tomoko reads fifty books every year.

275

07/色・形・数

名 形 19(の)

271 ▶そのテストまで19日ありますよ，りく。

07/色・形・数

名 形 20(の)

272 ▶たかおは月に20回野球を見ます。

07/色・形・数

名 形 30(の)

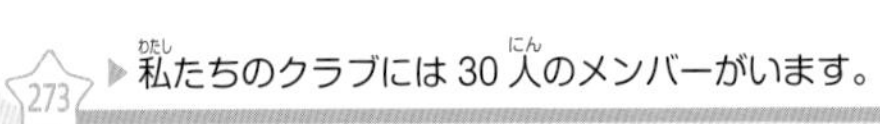

273 ▶私たちのクラブには30人のメンバーがいます。

07/色・形・数

名 形 40(の)

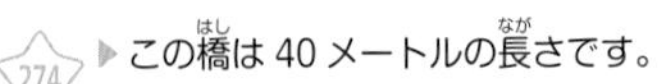

274 ▶この橋は40メートルの長さです。

07/色・形・数

名 形 50(の)

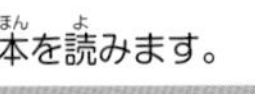

275 ▶ともこは毎年，50冊の本を読みます。

07/色・形・数

5級

sixty

60

スィクスティ [síksti]

Please open your textbook to page sixty. 276

07/色・形・数

5級

seventy

70

セヴンティ [sév(ə)nti]

About seventy people live in this village. 277

07/色・形・数

5級

eighty

エイティ [éiti]

I only have eighty yen now. 278

07/色・形・数

5級

ナインティ [náinti]

The baseball player's uniform number is ninety. 279

07/色・形・数

5級

hundred

ハンドゥレッド [hʌ́ndrəd]

That tower is one hundred meters tall. 280

名 形 60(の)

276 ▶ 教科書の 60 ページを開いてください。

07/色・形・数

名 形 70(の)

277 ▶ およそ 70 人の人々がこの村に住んでいます。

07/色・形・数

名 形 80(の)

278 ▶ 私は今，たった 80 円しか持っていません。

07/色・形・数

名 形 90(の)

279 ▶ その野球選手の背番号は 90 です。

07/色・形・数

名 形 100(の)

280 ▶ あのタワーは高さ 100 メートルです。

5級

thóusand

1000

さウザンド [θáuz(ə)nd]

Our school has one thousand students.

281

07/色・形・数

5級

first

1番目の

ふァ～スト [fəːrst]

Aya is the first child in her family.

282

07/色・形・数

5級

sécond

2番目の

セカンド [sék(ə)nd]

Turn right at the second corner.

283

07/色・形・数

5級

third

3番目の

さ～ド [θəːrd]

Aya's class got third place in the relay.

284

07/色・形・数

5級

fourth

4番目の

ふォーす [fɔːrθ]

April is the fourth month of the year.

285

07/色・形・数

名 形 1,000(の)

281 ▶ 私(わたし)たちの学校(がっこう)には1,000人(にん)の生徒(せいと)がいます。

07/色・形・数

名 1番目(ばんめ), 1日(ついたち)
形 1番目(ばんめ)の

282 ▶ あやはかのじょの家族(かぞく)で最初(さいしょ)の子(こ)どもです。

07/色・形・数

名 2番目(ばんめ), 2日(ふつか)
形 2番目(ばんめ)の

283 ▶ 2番目(ばんめ)の角(かど)を右(みぎ)に曲(ま)がってください。

07/色・形・数

名 3番目(ばんめ), 3日(みっか)
形 3番目(ばんめ)の

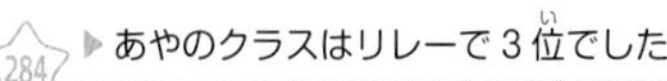

284 ▶ あやのクラスはリレーで3位(い)でした。

07/色・形・数

名 4番目(ばんめ), 4日(よっか)
形 4番目(ばんめ)の

285 ▶ 4月(がつ)は1年(ねん)の4番目(ばんめ)の月(つき)です。

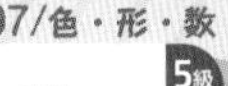

5級

fifth

5 番目(ばんめ)の

ふぃふす [fifθ]

May fifth is Children's Day in Japan.

286

07/色・形・数

5級

sixth

6 番目(ばんめ)の

スィックスす [siksθ]

The baby is the sixth child in the family.

287

07/色・形・数

5級

séventh

7 番目(ばんめ)の

セヴンす [sév(ə)nθ]

What is the seventh card?

288

07/色・形・数

5級

eighth

8 番目(ばんめ)の

エイトゥす [eitθ]

The eighth alphabet letter is "h."

289

07/色・形・数

5級

ninth

9 番目(ばんめ)の

ナインす [nainθ]

September is the ninth month of the year.

290

名 5番目(ばんめ), 5日(いつか)

形 5番目(ばんめ)の

286 
▶日本(にほん)では5月(がつ)5日(いつか)はこどもの日(ひ)です。

07/色・形・数

名 6番目(ばんめ), 6日(むいか)

形 6番目(ばんめ)の

287 
▶その赤(あか)ちゃんはその家族(かぞく)の6番目(ばんめ)の子(こ)どもです。

07/色・形・数

名 7番目(ばんめ), 7日(なのか)

形 7番目(ばんめ)の

288 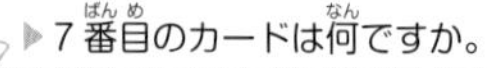
▶7番目(ばんめ)のカードは何(なん)ですか。

07/色・形・数

名 8番目(ばんめ), 8日(ようか)

形 8番目(ばんめ)の

289 
▶8番目(ばんめ)のアルファベットは“h”です。

07/色・形・数

名 9番目(ばんめ), 9日(ここのか)

形 9番目(ばんめ)の

290 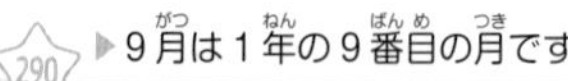
▶9月(がつ)は1年(ねん)の9番目(ばんめ)の月(つき)です。

07/色・形・数

5級

tenth

10番目の

テンす [tenθ]

Shinjuku is the tenth station from here. 291

07/色・形・数

5級

eléventh

11番目の

イれヴンす [ilév(ə)nθ]

Tomorrow is my eleventh birthday. 292

07/色・形・数

5級

twelfth

12番目の

トゥウェるふす [twelfθ]

December is the twelfth month of the year. 293

08/学校生活

5級

clássroom

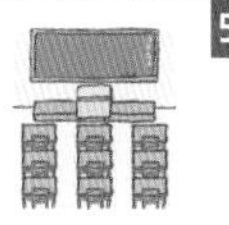

クらスルーム [klǽsru:m]

Riku is in the classroom now. 294

08/学校生活

5級

bláckboard

ブラックボード [blǽkbɔ:rd]

Ms. Dean is writing something on the blackboard. 295

07/色・形・数

名 10番目(ばんめ)，10日(とおか)

形 10番目(ばんめ)の

291 ▶ 新宿(しんじゅく)はここから10番目(ばんめ)の駅(えき)です。

07/色・形・数

名 11番目(ばんめ)，11日(にち)

形 11番目(ばんめ)の

292 ▶ 明日(あす)は私(わたし)の11さいの誕生日(たんじょうび)です。

07/色・形・数

名 12番目(ばんめ)，12日(にち)

形 12番目(ばんめ)の

293 ▶ 12月(がつ)は1年(ねん)の12番目(ばんめ)の月(つき)です。

08/学校生活

名 教室(きょうしつ)

294 ▶ りくは今(いま)，教室(きょうしつ)にいます。

08/学校生活

名 黒板(こくばん)

295 ▶ ディーン先生(せんせい)が黒板(こくばん)に何(なに)か書(か)いています。

08/学校生活

5級

gym

チム [dʒim]

They sometimes play dodge ball in the gym. 296

08/学校生活

pláyground

プれイグラウンド [pléigraund]

Riku is running in the playground. 297

08/学校生活

5級

cafetéria

キャふェティ(ア)リア [kæfətí(ə)riə]

Many American schools have cafeterias. 298

08/学校生活

5級

stúdent

ストゥーデント [stú:d(ə)nt]

My cousin is a high school student. 299

08/学校生活

5級

clássmate

クらスメイト [klǽsmeit]

Riku and Shogo are classmates. 300

名 体育館（たいいくかん）

296 ▶ かれらはときどき体育館（たいいくかん）でドッジボールをします。

名 運動場（うんどうじょう）

297 ▶ りくは運動場（うんどうじょう）で走（はし）っているところです。

名 カフェテリア

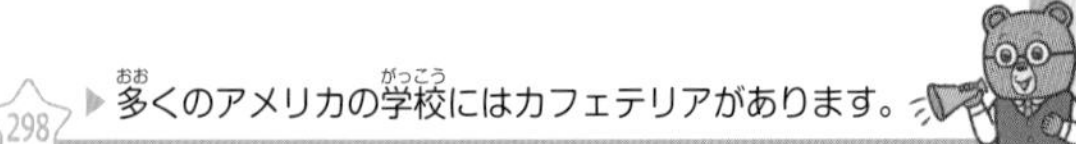

298 ▶ 多（おお）くのアメリカの学校（がっこう）にはカフェテリアがあります。

名 学生（がくせい），生徒（せいと）

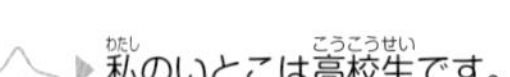

299 ▶ 私（わたし）のいとこは高校生（こうこうせい）です。

名 クラスメート

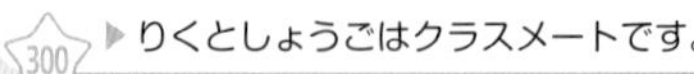

300 ▶ りくとしょうごはクラスメートです。

08/学校生活

4級

úniform

ユーニふォーム [jú:nifɔ:rm]

Aya's school doesn't have a school uniform.

301

08/学校生活

5級

club

クらブ [klʌb]

They are in the music club.

302

08/学校生活

5級

band

バンド [bænd]

Selina was a member of the band.

303

08/学校生活

4級

dráma

ドゥラーマ [drá:mə]

Aya is in the school drama.

304

08/学校生活

álphabet

アるふァベット [ǽlfəbet]

I can say all alphabet letters.

305

名 制服

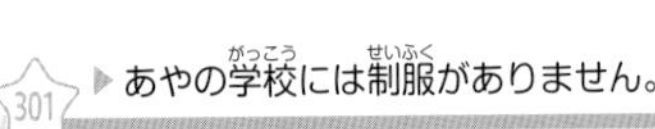

301 ▶ あやの学校には制服がありません。

08/学校生活

名 クラブ，部

302 ▶ かれらは音楽部に入っています。

08/学校生活

名 バンド

303 ▶ セリーナはそのバンドのメンバーでした。

08/学校生活

名 劇

304 ▶ あやは学校の劇の出演者です。

08/学校生活

名 アルファベット

305 ▶ 私はアルファベットを全部言えます。

4級

grade

グレイド [greid]

Riku is in the third grade.

306

5級

homework

ホウムワ～ク [hóumwəːrk]

Do your homework before you go to the park.

307

4級

report

リポート [ripɔ́ːrt]

Aya is writing a report for her homework.

308

4級

question

クウェスチョン [kwéstʃ(ə)n]

Riku has many questions.

309

4級

college

カ(ー)れッヂ [ká(:)lidʒ]

Selina studied at a college in America.

名 学年（がくねん）

306 ▶りくは3年生（ねんせい）です。

名 宿題（しゅくだい）

307 ▶公園（こうえん）に行（い）く前（まえ）に宿題（しゅくだい）をしなさい。

名 レポート，報告書（ほうこくしょ）

308 ▶あやは宿題（しゅくだい）でレポートを書（か）いています。

名 質問（しつもん）

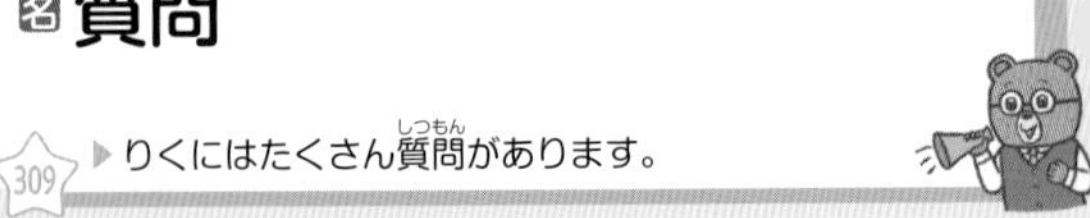

309 ▶りくにはたくさん質問（しつもん）があります。

名 大学（だいがく）

310 ▶セリーナはアメリカの大学（だいがく）で学（まな）びました。

09/授業と文房具

5級

class

クラス [klæs]

The students have five classes today.

311

09/授業と文房具

5級

lésson

れスン [lés(ə)n]

Tomoko is giving an English lesson.

312

09/授業と文房具

5級

exám

イグザム [igzǽm]

Aya passed the exam.

313

09/授業と文房具

5級

test

テスト [test]

You have a test tomorrow, right?

314

09/授業と文房具

5級

súbject

サブチェクト [sʌ́bdʒekt]

What's your favorite subject?

315

09/授業と文房具

名 授業

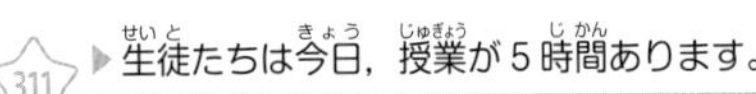

311 ▶生徒たちは今日，授業が5時間あります。

09/授業と文房具

名 授業

312 ▶ともこは英語の授業をしているところです。

09/授業と文房具

名 試験

313 ▶あやは試験に合格しました。

09/授業と文房具

名 テスト

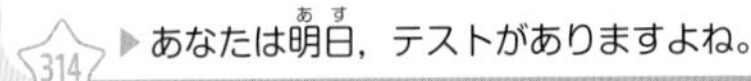

314 ▶あなたは明日，テストがありますよね。

09/授業と文房具

名 科目，教科

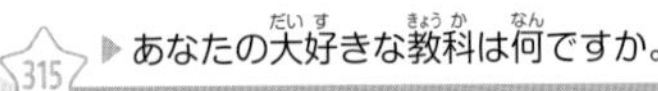

315 ▶あなたの大好きな教科は何ですか。

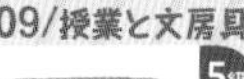
09/授業と文房具

5級

Énglish

イングリッシ [íŋgliʃ]

Ms. Dean is our English teacher.

316

09/授業と文房具

5級

math

マす [mæθ]

Riku is good at math.

317

09/授業と文房具

5級

scíence

サイエンス [sáiəns]

We have science class today.

318

09/授業と文房具

sócial studies

ソウシャる スタディズ [sóuʃ(ə)l stʌ̀diz]

Do you like social studies?

319

09/授業と文房具

5級

hístory

ヒストリィ [híst(ə)ri]

The old man teaches Japanese history.

320

09/授業と文房具

名 英語

形 英語の

316 ▶ディーン先生は私たちの英語の先生です。

09/授業と文房具

名 算数，数学

317 ▶りくは算数が得意です。

09/授業と文房具

名 理科，科学

318 ▶今日は理科の授業があります。

09/授業と文房具

名 社会科

319 ▶あなたは社会科が好きですか。

09/授業と文房具

名 歴史

320 ▶そのお年寄りは日本の歴史を教えています。

09/授業と文房具

5級

téxtbook

テクストブック [tékstbuk]

Don't forget your textbooks.

326

09/授業と文房具

5級

díctionary

ディクショネリィ [díkʃəneri]

This dictionary is very heavy.

327

09/授業と文房具

5級

nótebook

ノウトブック [nóutbuk]

Your notebook is not a sketchbook.

328

09/授業と文房具

5級

page

ペイヂ [peidʒ]

This book has three hundred pages.

329

09/授業と文房具

5級

pen

ペン [pen]

My pen is old.

330

09/授業と文房具

名 教科書（きょうかしょ）

326 ▶ 教科書（きょうかしょ）を忘（わす）れてはいけません。

09/授業と文房具

名 辞書（じしょ）

327 ▶ この辞書（じしょ）はとても重（おも）いです。

09/授業と文房具

名 ノート

328 ▶ ノートはお絵（え）かき帳（ちょう）ではありませんよ。

09/授業と文房具

名 ページ

329 ▶ この本（ほん）は 300 ページあります。

09/授業と文房具

名 ペン

330 ▶ 私（わたし）のペンは古（ふる）いです。

5級

péncil

ペンスる [péns(ə)l]

Yamato has some pencils in his mouth.

331

09/授業と文房具

5級

chalk

チョーク [tʃɔ:k]

Selina is writing *kanji* with chalk.

332

09/授業と文房具

5級

eráser

イレイサァ [iréisər]

This is an eraser.

333

09/授業と文房具

5級

rúler

ルーらァ [rú:lər]

Don't use your ruler like a sword.

334

09/授業と文房具

3級

scíssors

スィザズ [sízərz]

You can't cut a pumpkin with scissors.

335

09/授業と文房具

名 鉛筆（えんぴつ）

331 ▶ やまとは口（くち）に何本（なんぼん）か鉛筆（えんぴつ）をくわえています。

09/授業と文房具

名 チョーク

332 ▶ セリーナはチョークで漢字（かんじ）を書（か）いています。

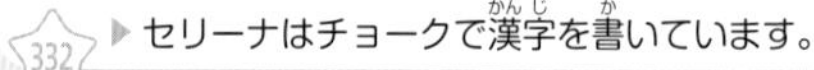

09/授業と文房具

名 消（け）しゴム

333 ▶ これは消（け）しゴムです。

09/授業と文房具

名 定規（じょうぎ）

334 ▶ 定規（じょうぎ）を剣（けん）のように使（つか）ってはいけません。

09/授業と文房具

名 はさみ

335 ▶ カボチャをはさみで切（き）ることはできません。

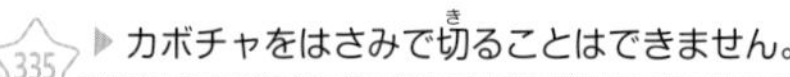

09/授業と文房具

glue stick

グるー スティック [glúː stik]

Use my glue stick.

336

09/授業と文房具

5級

postcard

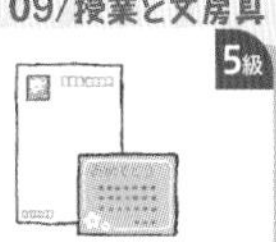

ポウス(ト)カード [póus(t)kɑːrd]

This postcard is from Shogo.

337

09/授業と文房具

5級

poster

ポウスタァ [póustər]

Please put this poster on the wall.

338

10/町・施設

5級

place

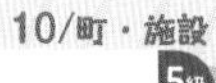

プれイス [pleis]

This is a good place for *hanami*.

339

10/町・施設

5級

city

スイティ [síti]

Do you know about my city?

340

09/授業と文房具

名 スティックのり

336 ▶ 私(わたし)のスティックのりを使(つか)って。

09/授業と文房具

名 絵(え)はがき

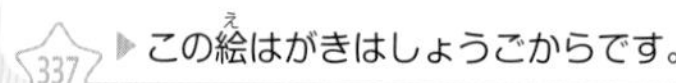

337 ▶ この絵(え)はがきはしょうごからです。

09/授業と文房具

名 ポスター

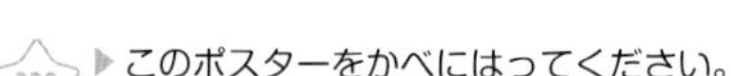

338 ▶ このポスターをかべにはってください。

10/町・施設

名 場所(ばしょ)

339 ▶ ここは花見(はなみ)にいい場所(ばしょ)です。

10/町・施設

名 都市(とし)，市(し)

340 ▶ あなたは私(わたし)の市(し)について知(し)っていますか。

10/町・施設

4級

town

タウン [taun]

Welcome to our town!

341

10/町・施設

5級

bank

バンク [bæŋk]

I'm looking for a bank.

342

10/町・施設

police station

ポリース ステイション [pəlíːs stèiʃ(ə)n]

Please come to the police station with me.

343

10/町・施設

fire station

ふァイア ステイション [fáiər stèiʃ(ə)n]

The fire station is near here.

344

10/町・施設

5級

hospital

ハ(ー)スピトゥる [há(ː)spitl]

Many little children don't like hospitals.

345

10/町・施設

名 町（まち）

341 ▶ 私たちの町へようこそ。

10/町・施設

名 銀行（ぎんこう）

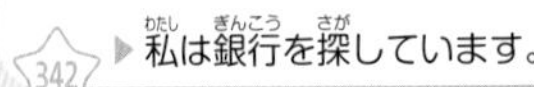

342 ▶ 私は銀行を探しています。

10/町・施設

名 警察署（けいさつしょ）

343 ▶ 私といっしょに警察署に来てください。

10/町・施設

名 消防署（しょうぼうしょ）

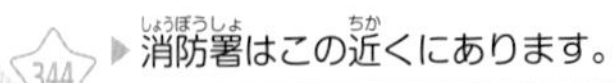

344 ▶ 消防署はこの近くにあります。

10/町・施設

名 病院（びょういん）

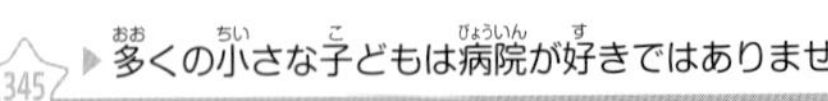

345 ▶ 多くの小さな子どもは病院が好きではありません。

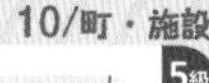

5級

library

らイブレリィ [láibreri]

Please find the book at the library.

4級

museum

ミュ(ー)ズィ(ー)アム [mju(:)zí(:)əm]

This is a famous museum.

5級

office

ア(ー)ふィス [á(:)fəs]

My father is popular in his office.

5級

post

ポウスト [poust]

In France, posts are usually yellow.

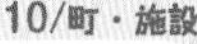

post office

ポウスト ア(ー)ふィス [póust à(:)fəs]

Turn right at the post office.

名 **図書館**

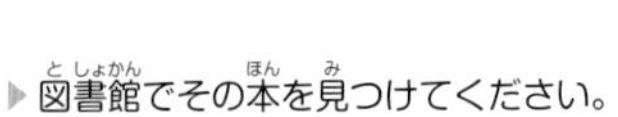

346 ▶ 図書館でその本を見つけてください。

名 **博物館，美術館**

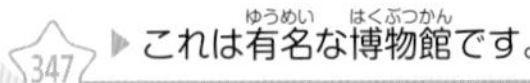

347 ▶ これは有名な博物館です。

名 **事務所，会社**

348 ▶ 私の父は会社では人気があります。

名 (英) **郵便（ポスト）**

349 ▶ フランスでは，郵便ポストはふつう黄色です。

名 **郵便局**

350 ▶ 郵便局のところで右に曲がってください。

5級

school

スクーる [skuːl]

It's time for school! 351

3級

shrine

シライン [ʃrain]

The shrine is about 500 years old. 352

témple

テンプる [témpl]

Selina wants to go to that temple. 353

5級

státion

ステイション [stéiʃ(ə)n]

Can I walk to the station? 354

5級

áirport

エアポート [éərpɔːrt]

The man arrived at the airport in the morning.

10/町・施設

がっこう
名 学校

351 ▶ 学校に行く時間ですよ。

10/町・施設

じんじゃ
名 神社

352 ▶ その神社はおよそ築500年です。

10/町・施設

てら
名 寺

353 ▶ セリーナはあの寺に行きたいと思っています。

10/町・施設

えき
名 駅

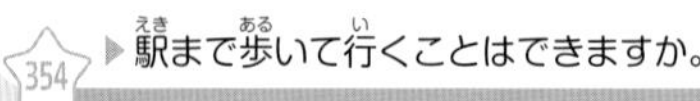

354 ▶ 駅まで歩いて行くことはできますか。

10/町・施設

くうこう
名 空港

355 ▶ その男性は午前中に空港に着きました。

10/町・施設

5級

park

パーク [pɑ:rk]

A boy is playing in the park.

356

10/町・施設

amusement park

アミューズメント パーク [əmjú:zmənt pɑ:rk]

Please take us to an amusement park.

357

10/町・施設

5級

zoo

ズー [zu:]

That tall man works at a zoo.

358

10/町・施設

3級

aquarium

アクウェ(ア)リアム [əkwé(ə)riəm]

Let's go to the aquarium this weekend.

359

10/町・施設

5級

pool

プーる [pu:l]

Our school has a large pool.

360

10/町・施設

名 公園（こうえん）

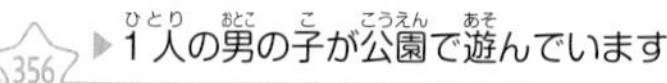

356 ▶ 1人の男の子が公園で遊んでいます。

10/町・施設

名 遊園地（ゆうえんち）

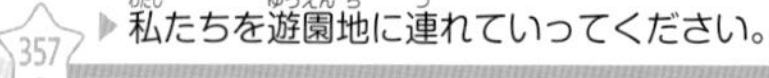

357 ▶ 私たちを遊園地に連れていってください。

10/町・施設

名 動物園（どうぶつえん）

358 ▶ あの背の高い男性は動物園で働いています。

10/町・施設

名 水族館（すいぞくかん）

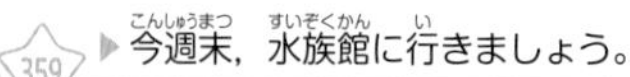

359 ▶ 今週末，水族館に行きましょう。

10/町・施設

名 プール

360 ▶ 私たちの学校には大きなプールがあります。

10/町・施設

5級

théater

すィアタァ [θíətər]

This theater is new.

10/町・施設

5級

réstaurant

レストラント [réstərənt]

Let's have lunch at that restaurant.

10/町・施設

5級

store

ストー [stɔːr]

Ms. Dean often buys books at this store.

10/町・施設

3級

depártment store

ディパートメント ストー [dipáːrtmənt stɔːr]

Riku often gets lost at department stores.

10/町・施設

5級

súpermarket

スーパマーケット [súːpərmàːrkət]

This supermarket is always crowded.

10/町・施設

名 劇場，映画館

361 
▶ この劇場は新しいです。

10/町・施設

名 レストラン

362 
▶ あのレストランで昼食を食べましょう。

10/町・施設

名 店

363 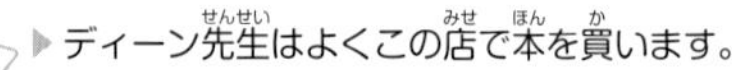
▶ ディーン先生はよくこの店で本を買います。

10/町・施設

名 デパート

364 
▶ りくはよくデパートで迷子になります。

10/町・施設

名 スーパーマーケット

365 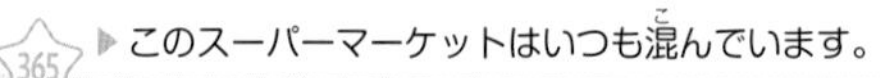
▶ このスーパーマーケットはいつも混んでいます。

10/町・施設

5級

bóokstore

ブックストー [búkstɔːr]

That bookstore has a lot of comics.

366

10/町・施設

convénience store

コンヴィーニエンス ストー [kənvíːniəns stɔːr]

Convenience stores are really convenient.

367

10/町・施設

5級

bench

ベンチ [bentʃ]

Don't sit on the bench!

368

10/町・施設

5級

wall

ウォーる [wɔːl]

The wall has a big hole.

369

10/町・施設

5級

bridge

ブリッヂ [bridʒ]

Who is on the bridge?

370

10/町・施設

名 書店（しょてん）

366 ▶あの書店（しょてん）にはたくさんのまんが本（ぼん）があります。

10/町・施設

名 コンビニエンスストア

367 ▶コンビニエンスストアは本当（ほんとう）に便利（べんり）です。

10/町・施設

名 ベンチ

368 ▶そのベンチにすわってはだめ。

10/町・施設

名 かべ

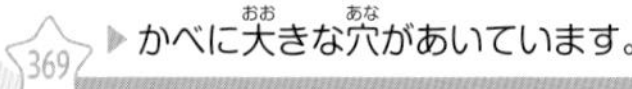

369 ▶かべに大（おお）きな穴（あな）があいています。

10/町・施設

名 橋（はし）

370 ▶だれが橋（はし）の上（うえ）にいますか。

10/町・施設

5級

tówer

タウア [táuər]

That tower is 634 meters tall.

371

10/町・施設

5級

street

ストゥリート [stri:t]

Don't play soccer on the street.

372

10/町・施設

3級

block

ブら(ー)ック [blɑ(:)k]

Ms. Dean lives on the next block.

373

10/町・施設

4級

córner

コーナァ [kɔ́:rnər]

I dropped my wallet at that corner.

374

10/町・施設

5級

car

カー [kɑ:r]

Whose car is this?

375

10/町・施設

名 タワー

371 ▶ あのタワーは高(たか)さ 634 メートルです。

10/町・施設

名 通(とお)り

372 ▶ 通(とお)りでサッカーをしてはいけません。

10/町・施設

名 街区(がいく)

373 ▶ ディーン先生(せんせい)はとなりの街区(がいく)に住(す)んでいます。

10/町・施設

名 角(かど)

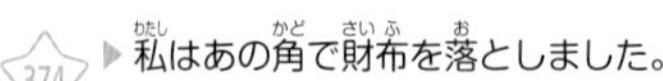

374 ▶ 私(わたし)はあの角(かど)で財布(さいふ)を落(お)としました。

10/町・施設

名 車(くるま)

375 ▶ これはだれの車(くるま)ですか。

10/町・施設

5級

táxi

タクスィ [tǽksi]

Please call a taxi for me.

376

10/町・施設

5級

bus

バス [bʌs]

Don't miss the bus.

377

10/町・施設

5級

plane

プれイン [plein]

We can see a plane from here.

378

10/町・施設

5級

ship

シップ [ʃip]

This big ship has one thousand rooms.

379

10/町・施設

5級

train

トゥレイン [trein]

Let's take a train at Shibuya Station.

380

10/町・施設

名 タクシー

376 ▶私(わたし)のためにタクシーを呼(よ)んでください。

10/町・施設

名 バス

377 ▶そのバスに乗(の)りおくれてはいけません。

10/町・施設

名 飛行機(ひこうき)

378 ▶ここから飛行機(ひこうき)が見(み)えます。

10/町・施設

名 (大型(おおがた)の)船(ふね)

379 ▶この大(おお)きな船(ふね)には1,000室(しつ)の部屋(へや)があります。

10/町・施設

名 列車(れっしゃ)，電車(でんしゃ)

380 ▶渋谷駅(しぶやえき)で電車(でんしゃ)に乗(の)りましょう。

11/職業

5級

jóob

チャ(ー)ップ [dʒɑ(:)b]

How is your job?

381

11/職業

5級

wórker

ワ～カァ [wə́:rkər]

My father is an office worker.

382

11/職業

4級

dream

ドゥリーム [dri:m]

What is your dream for the future?

383

11/職業

5級

dóctor

ダ(ー)クタァ [dɑ́(:)ktər]

Ann's father is a famous doctor.

384

11/職業

4級

déntist

デンティスト [déntist]

Shogo's father is a dentist.

385

11/職業

名 仕事（しごと）

381 ▶あなたの仕事（しごと）はどうですか。

11/職業

名 働（はたら）く人（ひと）

382 ▶私（わたし）の父（ちち）は会社員（かいしゃいん）です。

11/職業

名 夢（ゆめ）

383 ▶あなたの将来（しょうらい）の夢（ゆめ）は何（なん）ですか。

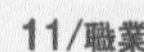
11/職業

名 医者（いしゃ）

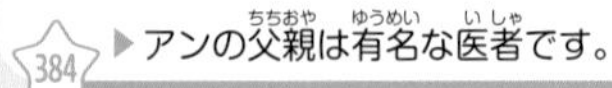
384 ▶アンの父親（ちちおや）は有名（ゆうめい）な医者（いしゃ）です。

11/職業

名 歯科医（しかい）

385 ▶しょうごの父親（ちちおや）は歯科医（しかい）です。

3級

nurse

ナ〜ス [nəːrs]

Shogo's mother is a nurse.

386

11/職業

4級

artist

アーティスト [áːrtist]

Is he really an artist?

11/職業

5級

pianist

ピアニスト[piǽnəst] ／ピーアニスト[píːənist]

The pianist can play the violin, too.

11/職業

5級

singer

スィンガァ [síŋər]

She is Aya's favorite singer.

11/職業

5級

dancer

ダンサァ [dǽnsər]

The dancer is only four years old.

11/職業

名 **看護師**

386 ▶しょうごの母親は看護師です。

11/職業

名 **芸術家，画家**

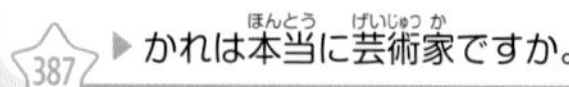

387 ▶かれは本当に芸術家ですか。

11/職業

名 **ピアニスト**

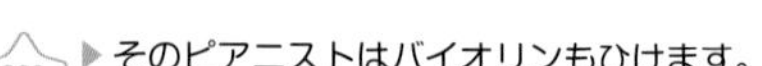

388 ▶そのピアニストはバイオリンもひけます。

11/職業

名 **歌手**

389 ▶かのじょはあやのお気に入りの歌手です。

11/職業

名 **ダンサー，おどる人**

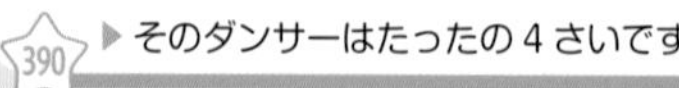

390 ▶そのダンサーはたったの4さいです。

5級

player

プれイア [pléiər]

All the players live together.

391

3級

scientist

サイエンティスト [sáiəntəst]

The old woman is a scientist.

392

astronaut

アストゥロノート [ǽstrənɔ:t]

I want to be an astronaut.

393

5級

pilot

パイろット [páilət]

The pilot has a big suitcase.

394

flight attendant

ふらイト アテンダント [fláit ətènd(ə)nt]

The flight attendant can speak French.

395

名 選手（せんしゅ）

391 ▶ その選手（せんしゅ）たちは全員（ぜんいん）いっしょに暮（く）らしています。

名 科学者（かがくしゃ）

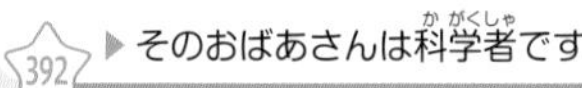

392 ▶ そのおばあさんは科学者（かがくしゃ）です。

名 宇宙飛行士（うちゅうひこうし）

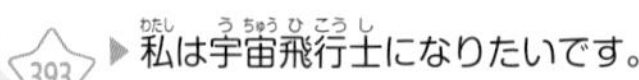

393 ▶ 私（わたし）は宇宙飛行士（うちゅうひこうし）になりたいです。

名 パイロット

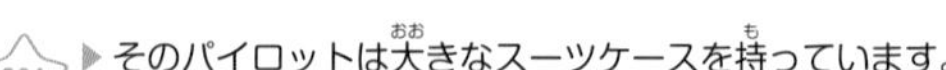

394 ▶ そのパイロットは大（おお）きなスーツケースを持（も）っています。

名 客室乗務員（きゃくしつじょうむいん）

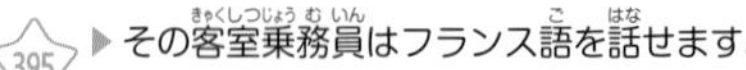

395 ▶ その客室乗務員（きゃくしつじょうむいん）はフランス語（ご）を話（はな）せます。

11/職業

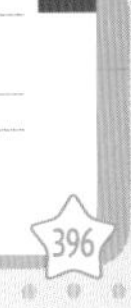

5級

driver

ドゥライヴァ [dráivər]

The driver stopped the car.

396

11/職業

bus driver

バス ドゥライヴァ [bʌ́s dràivər]

Takao's father was a bus driver.

397

11/職業

5級

officer

ア(ー)ふィサア [á(:)fəsər]

Is that man an officer of the city government?

398

11/職業

police officer

ポリース ア(ー)ふィサア [pəlí:s à(:)fəsər]

Do you want to be a police officer?

399

11/職業

5級

teacher

ティーチャ [tí:tʃər]

Riku's teacher is young.

400

11/職業

名 運転手（うんてんしゅ）

396 ▶ その運転手（うんてんしゅ）は車（くるま）を停（と）めました。

11/職業

名 バスの運転手（うんてんしゅ）

397 ▶ たかおの父親（ちちおや）はバスの運転手（うんてんしゅ）でした。

11/職業

名 役人（やくにん）

398 ▶ あの男性（だんせい）は市役所（しやくしょ）の役人（やくにん）ですか。

11/職業

名 警察官（けいさつかん）

399 ▶ あなたは警察官（けいさつかん）になりたいですか。

11/職業

名 先生（せんせい）

400 ▶ りくの先生（せんせい）は若（わか）いです。

11/職業

5級

cook

クック [kuk]

The cook doesn't like fish.

401

11/職業

5級

wáiter

ウェイタァ [wéitər]

The waiter of the restaurant is so cool.

402

11/職業

4級

fármer

ふァーマァ [fɑ́:rmər]

The farmer has ten pigs.

403

12/スポーツ

5級

sport

スポート [spɔ:rt]

What sport do you like?

404

12/スポーツ

5級

team

ティーム [ti:m]

Takao was on the baseball team.

405

11/職業

りょうりにん
名 料理人

401 ▶ その料理人(りょうりにん)は魚(さかな)が好(す)きではありません。

11/職業

名 ウエーター

402 ▶ そのレストランのウエーターはとてもかっこいいです。

11/職業

のうじょうしゅ
名 農場主

403 ▶ その農場主(のうじょうしゅ)は 10 ぴきのブタを飼(か)っています。

12/スポーツ

名 スポーツ

404 ▶ あなたは何(なん)のスポーツが好(す)きですか。

12/スポーツ

名 チーム

405 ▶ たかおは野球(やきゅう)チームに入(はい)っていました。

12/スポーツ

5級

game

ゲイム [geim]

The baseball game was exciting.

406

12/スポーツ

5級

sóccer

サ(ー)カァ [sá(:)kər]

Riku sometimes plays soccer after school.

407

12/スポーツ

5級

báseball

ベイスボーる [béisbɔ:l]

Takao is a big fan of baseball.

408

12/スポーツ

5級

sóftball

ソ(ー)ふトボーる [sɔ́(:)ftbɔ:l]

Tomoko likes to play softball.

409

12/スポーツ

5級

ball

ボーる [bɔ:l]

Catch that ball.

410

12/スポーツ

名 **試合**

406 ▶その野球の試合はわくわくしました。

12/スポーツ

名 **サッカー**

407 ▶りくはときどき放課後にサッカーをします。

12/スポーツ

名 **野球**

408 ▶たかおは野球の大ファンです。

12/スポーツ

名 **ソフトボール**

409 ▶ともこはソフトボールをするのが好きです。

12/スポーツ

名 **ボール**

410 ▶あのボールをとって。

12/スポーツ

5級

ténnis

テニス [ténis]

Tomoko plays tennis every Sunday.

411

12/スポーツ

5級

rácket

ラケット [rǽkət]

This is Shogo's new racket.

412

12/スポーツ

5級

básketball

バスケットボーる [bǽskətbɔːl]

Aya sometimes watches basketball games.

413

12/スポーツ

5級

vólleyball

ヴァ(ー)りボーる [vɑ́(ː)libɔːl]

Who played volleyball here?

414

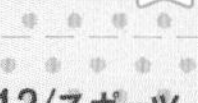

12/スポーツ

5級

bádminton

バドミントゥン [bǽdmint(ə)n]

Let's play badminton.

415

12/スポーツ

名 テニス

411 ▶ともこは毎週日曜日(まいしゅうにちようび)にテニスをします。

12/スポーツ

名 ラケット

412 ▶これはしょうごの新(あたら)しいラケットです。

12/スポーツ

名 バスケットボール

413 ▶あやはときどきバスケットボールの試合(しあい)を見(み)ます。

12/スポーツ

名 バレーボール

414 ▶だれがここでバレーボールをしたのですか。

12/スポーツ

名 バドミントン

415 ▶バドミントンをしましょう。

12/スポーツ

táble tennis

テイブる テニス [téibl tènis]

Don’t play table tennis on this table!

416

12/スポーツ

5級

fóotball

ふットボーる [fútbɔːl]

Can you play football?

417

12/スポーツ

4級

hóckey

ハ(ー)キィ [há(:)ki]

Hockey is popular in Canada.

418

12/スポーツ

rúgby

ラグビィ [rʌ́gbi]

Rugby is popular in New Zealand.

419

12/スポーツ

swímming

スウィミンヶ [swímiŋ]

Yamato is good at swimming.

420

12/スポーツ

名 卓球（たっきゅう）

416 ▶ このテーブルで卓球（たっきゅう）をしないで。

12/スポーツ

名 (米) アメリカンフットボール

417 ▶ あなたはアメリカンフットボールができますか。

12/スポーツ

名 ホッケー

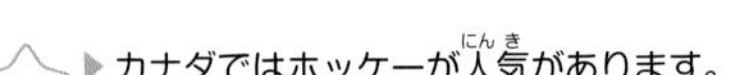
418 ▶ カナダではホッケーが人気（にんき）があります。

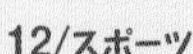
12/スポーツ

名 ラグビー

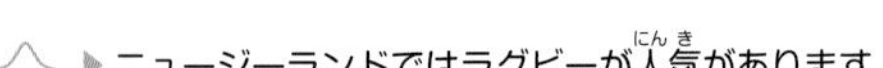
419 ▶ ニュージーランドではラグビーが人気（にんき）があります。

12/スポーツ

名 水泳（すいえい）

420 ▶ やまとは水泳（すいえい）が得意（とくい）です。

12/スポーツ

4級

ice skating

アイス スケイティンg [áis skèitiŋ]

The boy is good at ice skating.

421

12/スポーツ

4級

jógging

チャ(ー)ギンg [dʒá(:)giŋ]

Aya usually eats a donut after jogging.

422

12/スポーツ

márathon

マラさ(ー)ン [mǽrəθɑ(:)n]

Let's run in a marathon.

423

12/スポーツ

júmp rope

チャンプ ロウプ [dʒʌ́mp roup]

Yamato is playing with a jump rope.

424

13/趣味・遊び

4級

hóbby

ハ(ー)ビィ [há(:)bi]

Aya's hobby is singing.

425

12/スポーツ

名 アイススケート

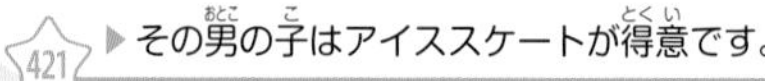

421 ▶ その男の子はアイススケートが得意です。

12/スポーツ

名 ジョギング

422 ▶ あやはたいていジョギングの後にドーナツを食べます。

12/スポーツ

名 マラソン

423 ▶ マラソンを走りましょう。

12/スポーツ

名 なわとび

424 ▶ やまとはなわとびで遊んでいます。

13/趣味・遊び

名 趣味

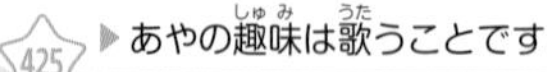

425 ▶ あやの趣味は歌うことです。

13/趣味・遊び

4級

cámping

キャンピング [kǽmpiŋ]

We like camping near a river.

426

13/趣味・遊び

híking

ハイキング [háikiŋ]

Hiking is fun.

427

13/趣味・遊び

4級

pícnic

ピクニック [píknik]

We went for a picnic at the beach.

428

13/趣味・遊び

4級

tent

テント [tent]

We left our tent at home!

429

13/趣味・遊び

4級

físhing

ふィッシング [fíʃiŋ]

Riku and Shogo often enjoy fishing together.

430

13/趣味・遊び

名 キャンプすること

426 ▶私たちは川の近くでキャンプするのが好きです。

13/趣味・遊び

名 ハイキング

427 ▶ハイキングは楽しいです。

13/趣味・遊び

名 ピクニック

428 ▶私たちは浜辺にピクニックに行きました。

13/趣味・遊び

名 テント

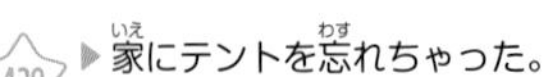

429 ▶家にテントを忘れちゃった。

13/趣味・遊び

名 魚つり

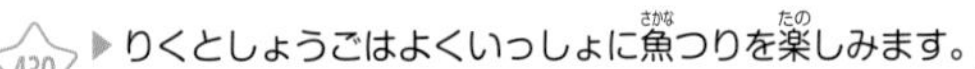

430 ▶りくとしょうごはよくいっしょに魚つりを楽しみます。

13/趣味・遊び

4級

cýcling

サイクリング [sáikliŋ]

I need a new bike for cycling.

431

13/趣味・遊び

5級

bícycle

バイスィクる [báisikl]

My bicycle is too small.

432

13/趣味・遊び

5級

bike

バイク [baik]

Look at my new bike!

433

13/趣味・遊び

4級

páinting

ペインティング [péintiŋ]

Painting is fun for Shogo.

434

13/趣味・遊び

5級

song

ソ(ー)ング [sɔ(:)ŋ]

Aya learns English songs from Ms. Dean.

435

13/趣味・遊び

名 サイクリング

431 ▶私はサイクリングに新しい自転車が必要です。

13/趣味・遊び

名 自転車

432 ▶私の自転車は小さすぎます。

13/趣味・遊び

名 自転車

433 ▶私の新しい自転車を見て。

13/趣味・遊び

名 (ペンキや絵の具で)絵をかくこと

434 ▶絵をかくことはしょうごにとって楽しいです。

13/趣味・遊び

名 歌

435 ▶あやはディーン先生から英語の歌を習います。

13/趣味・遊び

5級

piáno

ピアノウ [piǽnou]

Selina practices the piano every Sunday.

436

13/趣味・遊び

5級

guitár

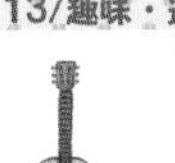

ギター [gitá:r]

Takao has an old guitar.

437

13/趣味・遊び

5級

violín

ヴァイオリン [vàiəlín]

Ann has an expensive violin.

438

13/趣味・遊び

5級

flute

ふるート [flu:t]

Ann can play the flute.

439

13/趣味・遊び

5級

drum

ドゥラム [drʌm]

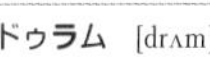

Riku played the drums at the concert.

440

13/趣味・遊び

名 ピアノ

436 ▶セリーナは毎週日曜日にピアノを練習します。

13/趣味・遊び

名 ギター

437 ▶たかおは１本の古いギターを持っています。

13/趣味・遊び

名 バイオリン

438 ▶アンは高価なバイオリンを持っています。

13/趣味・遊び

名 フルート

439 ▶アンはフルートがふけます。

13/趣味・遊び

名 ドラム

440 ▶りくはコンサートでドラムを演奏しました。

13/趣味・遊び

5級

harmónica

ハーマ(ー)ニカ [hɑːrmɑ́(ː)nikə]

Does Riku play the harmonica well?

441

13/趣味・遊び

recórder

リコーダァ [rikɔ́ːrdər]

Let's practice the recorder!

442

13/趣味・遊び

4級

trúmpet

トゥランペット [trʌ́mpət]

Do you have a trumpet?

13/趣味・遊び

5級

cóncert

カ(ー)ンサト [kɑ́(ː)nsərt]

Aya wants to sing at the concert.

13/趣味・遊び

5級

móvie

ムーヴィ [múːvi]

Let's go to a movie.

13/趣味・遊び

名 ハーモニカ

441 ▶ りくは上手にハーモニカをふきますか。

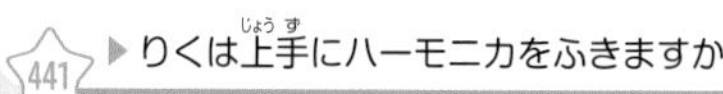

13/趣味・遊び

名 リコーダー

442 ▶ リコーダーを練習しましょう。

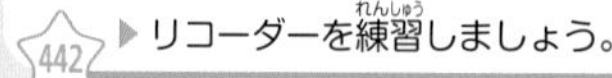

13/趣味・遊び

名 トランペット

443 ▶ あなたはトランペットを持っていますか。

13/趣味・遊び

名 コンサート

444 ▶ あやはそのコンサートで歌いたいと思っています。

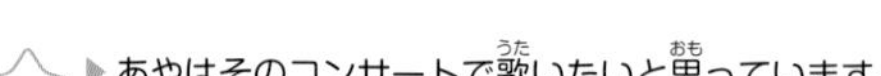

13/趣味・遊び

名 映画

445 ▶ 映画を見に行きましょう。

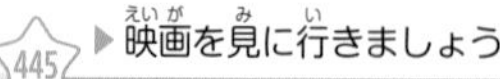

5級

cómic

カ(ー)ミック [ká(:)mik]

Don't bring comics to school.

3級

fírework

ふァイアワ～ク [fáiərwə:rk]

Aya's town is famous for its fireworks festival.

únicycle

ユーニサイクる [jú:nisàikl]

Ann can ride a unicycle.

5級

ánimal

アニマる [ǽnim(ə)l]

What animal do you like?

14/動物・植物

5級

cat

キャット [kæt]

Is this your cat?

13/趣味・遊び

名 まんが本(ぼん)

446 ▶ 学校(がっこう)にまんが本(ぼん)を持(も)ってきてはいけません。

13/趣味・遊び

名 花火(はなび)

447 ▶ あやの町(まち)は花火大会(はなびたいかい)で有名(ゆうめい)です。

13/趣味・遊び

名 一輪車(いちりんしゃ)

448 ▶ アンは一輪車(いちりんしゃ)に乗(の)れます。

14/動物・植物

名 動物(どうぶつ)

449 ▶ あなたはどんな動物(どうぶつ)が好(す)きですか。

14/動物・植物

名 ネコ

450 ▶ これはあなたのネコですか。

5級

dog

ド(ー)グ [dɔ(ː)g]

This dog is Yamato's friend.

451

mouse

マウス [maus]

A mouse is eating Tomoko's cheese.

452

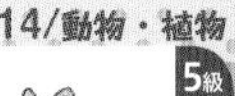

5級

rábbit

ラビット [rǽbət]

Aya's school has two rabbits.

453

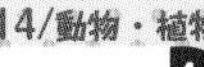

4級

líon

らイオン [láiən]

This lion isn't brave.

454

3級

tíger

タイガァ [táigər]

We can't keep a tiger at home.

455

14/動物・植物

名 犬

451 ▶この犬はやまとの友だちです。

14/動物・植物

名 ネズミ

452 ▶ネズミがともこのチーズを食べています。

14/動物・植物

名 ウサギ

453 ▶あやの学校は２羽のウサギを飼っています。

14/動物・植物

名 ライオン

454 ▶このライオンは勇敢ではありません。

14/動物・植物

名 トラ

455 ▶家でトラを飼うことはできません。

4級

horse

ホース [hɔːrs]

The prince is on his white horse.

456

4級

élephant

エれふァント [élif(ə)nt]

This zoo has three elephants.

457

3級

pánda

パンダ [pǽndə]

The panda is sleeping in the tree.

458

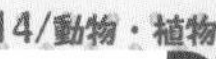

5級

mónkey

マンキィ [mʌ́ŋki]

A monkey is looking at Riku.

459

pig

ピッグ [pig]

The pig is a clean animal.

460

名 馬

456 ▶その王子さまは白い馬に乗っています。

14/動物・植物

名 ゾウ

457 ▶この動物園には 3 頭のゾウがいます。

14/動物・植物

名 パンダ

458 ▶そのパンダは木の上でねむっています。

14/動物・植物

名 サル

459 ▶1 ぴきのサルがりくを見ています。

14/動物・植物

名 ブタ

460 ▶ブタはきれい好きな動物です。

14/動物・植物

bear

ベア　[beər]

That bear can't catch salmon.

461

14/動物・植物

snake

スネイク　[sneik]

Aya isn't afraid of snakes.

462

14/動物・植物

4級

whale

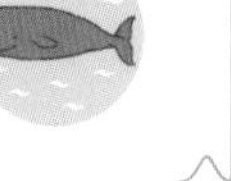

(フ)ウェイる　[(h)weil]

We can sometimes see whales from here.

463

14/動物・植物

5級

bird

バ～ド　[bə:rd]

Sara likes watching birds in the garden.

464

14/動物・植物

5級

bútterfly

バタふらイ　[bʌ́tərflai]

Yamato is running after a butterfly.

465

14/動物・植物

名 **クマ**

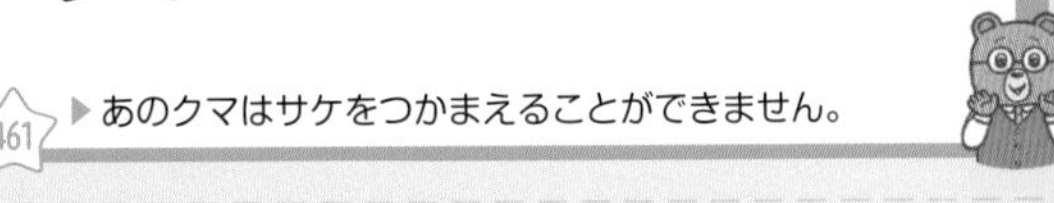

461 ▶あのクマはサケをつかまえることができません。

14/動物・植物

名 **ヘビ**

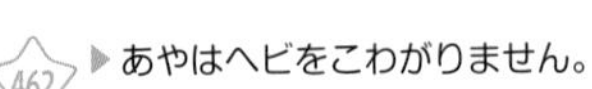

462 ▶あやはヘビをこわがりません。

14/動物・植物

名 **クジラ**

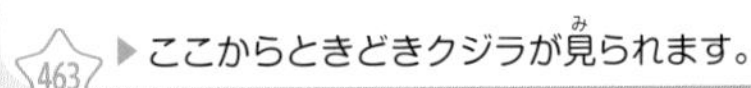

463 ▶ここからときどきクジラが見(み)られます。

14/動物・植物

名 **鳥(とり)**

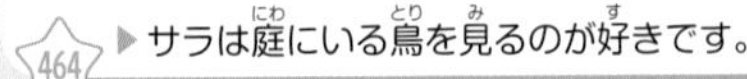

464 ▶サラは庭(にわ)にいる鳥(とり)を見(み)るのが好(す)きです。

14/動物・植物

名 **チョウ**

465 ▶やまとはチョウを追(お)いかけています。

14/動物・植物

spider

スパイダァ [spáidər]

That cloud looks like a spider.

466

14/動物・植物

4級

plant

プらント [plænt]

Takao grows many plants in the garden.

467

14/動物・植物

5級

flower

ふらウア [fláuər]

This flower is for Ann.

468

14/動物・植物

5級

rose

ロウズ [rouz]

Ann is beautiful like a rose!

469

15/月・曜日・時間

5級

year

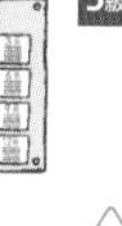

イア [jiər]

People get old every year.

470

14/動物・植物

名 クモ

466 ▶あの雲(くも)はクモのように見(み)えます。

14/動物・植物

名 植物(しょくぶつ)

467 ▶たかおは庭(にわ)でたくさんの植物(しょくぶつ)を育(そだ)てています。

14/動物・植物

名 花(はな)

468 ▶この花(はな)はアンのためのものです。

14/動物・植物

名 バラ

469 ▶アンはバラのように美(うつく)しい。

15/月・曜日・時間

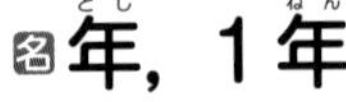

名 年(とし)，1年(ねん)

470 ▶人(ひと)は毎年(まいとし)，年(とし)をとります。

15/月・曜日・時間

5級

month

マンす [mʌnθ]

We have the music festival next month.

471

15/月・曜日・時間

5級

Jánuary

チャニュエリィ [dʒǽnjueri]

In January, we have New Year's Day.

472

15/月・曜日・時間

5級

Fébruary

ふェビュエリィ [fébjueri]

We have Valentine's Day in February.

473

15/月・曜日・時間

5級

March

マーチ [mɑ:rtʃ]

March 14th is White Day.

474

15/月・曜日・時間

5級

Ápril

エイプリる [éiprəl]

We can see cherry blossoms in April.

475

15/月・曜日・時間

名 月(つき)，1か月(げつ)

471 ▶来月(らいげつ)，音楽祭(おんがくさい)があります。

15/月・曜日・時間

名 1月(がつ)

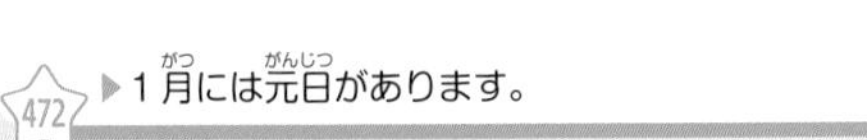

472 ▶1月(がつ)には元日(がんじつ)があります。

15/月・曜日・時間

名 2月(がつ)

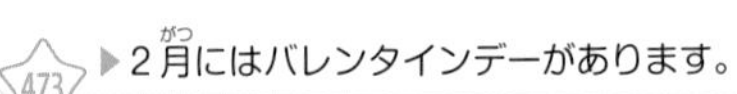

473 ▶2月(がつ)にはバレンタインデーがあります。

15/月・曜日・時間

名 3月(がつ)

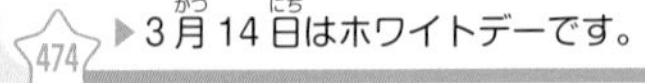

474 ▶3月(がつ)14日(にち)はホワイトデーです。

15/月・曜日・時間

名 4月(がつ)

475 ▶4月(がつ)にはサクラの花(はな)を見(み)ることができます。

15/月・曜日・時間

5級

May

メイ [mei]

In May, we have Children's Day.

476

15/月・曜日・時間

5級

June

チューン [dʒuːn]

It rains a lot in Japan in June.

477

15/月・曜日・時間

5級

Julý

チュライ [dʒulái]

The Star Festival is in July.

478

15/月・曜日・時間

5級

Áugust

オーガスト [ɔ́ːgəst]

Mountain Day is August 11th.

479

15/月・曜日・時間

5級

Septémber

セプテンバァ [septémbər]

How many holidays do you have in September?

480

名 5月（がつ）

476 ▶5月（がつ）にはこどもの日（ひ）があります。

15/月・曜日・時間

名 6月（がつ）

477 ▶日本（にほん）では6月（がつ）にたくさん雨（あめ）が降（ふ）ります。

15/月・曜日・時間

名 7月（がつ）

478 ▶七夕（たなばた）は7月（がつ）にあります。

15/月・曜日・時間

名 8月（がつ）

479 ▶山（やま）の日（ひ）は8月（がつ）11日（にち）です。

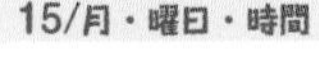

15/月・曜日・時間

名 9月（がつ）

480 ▶9月（がつ）には休日（きゅうじつ）が何日（なんにち）ありますか。

5級

Octóber

ア(ー)クトウバァ [ɑ(:)któubər]

We'll have a party on October 3rd.

481

15/月・曜日・時間

5級

Novémber

ノウヴェンバァ [nouvémbər]

Aya was born on November 21st.

482

15/月・曜日・時間

5級

Decémber

ディセンバァ [disémbər]

In December, we have Christmas.

483

15/月・曜日・時間

5級

week

ウィーク [wi:k]

See you next week.

484

15/月・曜日・時間

5級

Súnday

サンデイ  [sʌ́ndei]

Let's play in the sun on Sunday.

485

15/月・曜日・時間

名 10月

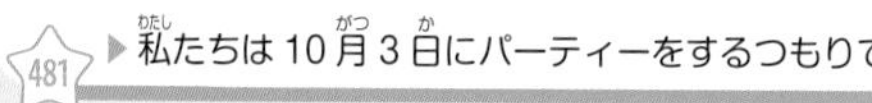
481 ▶私たちは10月3日にパーティーをするつもりです。

15/月・曜日・時間

名 11月

482 ▶あやは11月21日に生まれました。

15/月・曜日・時間

名 12月

483 ▶12月にはクリスマスがあります。

15/月・曜日・時間

名 週，1週間

484 ▶来週会いましょう。

15/月・曜日・時間

名 日曜日

485 ▶日曜日には，太陽の下で遊びましょう。

15/月・曜日・時間

5級

Mónday

月曜日

マンデイ [mʌ́ndei]

Did you see the moon last Monday?

486

15/月・曜日・時間

5級

Túesday

火曜日

トゥーズデイ [tú:zdei]

On Tuesday, Aya went to the fireworks festival.

487

15/月・曜日・時間

5級

Wédnesday

水曜日

ウェンズデイ [wénzdei]

Aya practices swimming on Wednesdays.

488

15/月・曜日・時間

5級

Thúrsday

木曜日

さ～ズデイ [θə́:rzdei]

Takao gives water to the tree every Thursday.

489

15/月・曜日・時間

5級

Fríday

金曜日

ふライデイ [fráidei]

Riku needs some money by Friday.

490

15/月・曜日・時間

名 **月曜日**

486 ▶あなたはこの前の月曜日に月を見ましたか。

15/月・曜日・時間

名 **火曜日**

487 ▶火曜日には，あやは花火大会に行きました。

15/月・曜日・時間

名 **水曜日**

488 ▶あやは毎週水曜日に水泳を練習します。

15/月・曜日・時間

名 **木曜日**

489 ▶たかおは毎週木曜日にその木に水をあげます。

15/月・曜日・時間

名 **金曜日**

490 ▶りくは金曜日までにいくらかのお金が必要です。

15/月・曜日・時間

5級

Sáturday

土曜日

サタデイ [sǽtərdei]

Riku made a castle with clay last Saturday.

491

15/月・曜日・時間

5級

date

デイト [deit]

What's the date today?

492

15/月・曜日・時間

5級

todáy

トゥデイ [tədéi]

Today is a holiday.

493

15/月・曜日・時間

5級

tomórrow

トゥマ(ー)ロウ [təmɑ́(:)rou]

Tomorrow is Ann's birthday.

494

15/月・曜日・時間

5級

wéekend

ウィーケンド [wí:kend]

Riku is free on weekends.

495

15/月・曜日・時間

名 土曜日（どようび）

491 ▶りくはこの前の土曜日に粘土で城を作りました。

15/月・曜日・時間

名 日付（ひづけ）

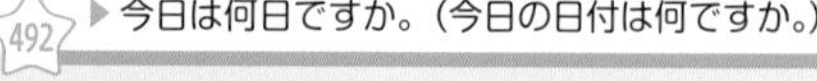

492 ▶今日は何日ですか。（今日の日付は何ですか。）

15/月・曜日・時間

名 今日（きょう）

493 ▶今日は休日です。

15/月・曜日・時間

名 明日（あす）

494 ▶明日はアンの誕生日です。

15/月・曜日・時間

名 週末（しゅうまつ）

495 ▶りくは，週末はひまです。

15/月・曜日・時間

4級

fúture

ふユーチャ [fjú:tʃər]

What do you want to be in the future?

496

15/月・曜日・時間

5級

day

デイ [dei]

A day has 24 hours.

497

15/月・曜日・時間

5級

mórning

モーニンｸﾞ [mɔ́:rniŋ]

Tomoko walks Yamato every morning.

498

15/月・曜日・時間

4級

noon

ヌーン [nu:n]

Aya is always hungry at noon.

499

15/月・曜日・時間

5級

afternóon

アふタヌーン [æftərnú:n]

Can I visit you this afternoon?

500

15/月・曜日・時間

名 未来（みらい），将来（しょうらい）

496 ▶ あなたは将来（しょうらい），何（なに）になりたいですか。

15/月・曜日・時間

名 日（ひ），1日（にち）

497 ▶ 1日（にち）は 24 時間（じかん）です。

15/月・曜日・時間

名 朝（あさ）

498 ▶ ともこは毎朝（まいあさ），やまとを散歩（さんぽ）させます。

15/月・曜日・時間

名 正午（しょうご）

499 ▶ あやは正午（しょうご）にはいつもおなかをすかせています。

15/月・曜日・時間

名 午後（ごご）

500 ▶ 今日（きょう）の午後（ごご），あなたを訪（たず）ねてもいいですか。

5級

évening

イーヴニング [íːvniŋ]

Let's have a nice evening.

501

15/月・曜日・時間

5級

night

ナイト [nait]

Don't have coffee at night.

502

15/月・曜日・時間

5級

time

タイム [taim]

Time is money.

503

15/月・曜日・時間

4級

o'clóck

オクラ(ー)ック [əkláːk]

It's three o'clock right now.

504

15/月・曜日・時間

5級

hour

アウア [áuər]

I need about three hours for my homework.

505

15/月・曜日・時間

名 夕方(ゆうがた)，晩(ばん)

501 ▶ すてきな晩(ばん)を過(す)ごそう。

15/月・曜日・時間

名 夜(よる)

502 ▶ 夜(よる)にコーヒーを飲(の)んではいけません。

15/月・曜日・時間

名 時刻(じこく)，時間(じかん)

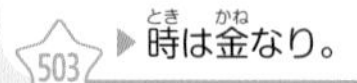

503 ▶ 時(とき)は金(かね)なり。

15/月・曜日・時間

副 ～時(じ)

504 ▶ 今(いま)は 3 時(じ)ちょうどです。

15/月・曜日・時間

名 1 時間(じかん)

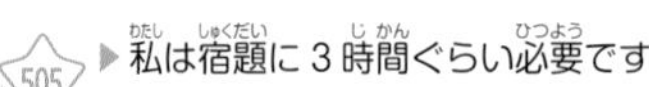

505 ▶ 私(わたし)は宿題(しゅくだい)に 3 時間(じかん)ぐらい必要(ひつよう)です。

15/月・曜日・時間

4級

móment

モウメント [móumənt]

Please wait a moment.

506

15/月・曜日・時間

4級

mínute

ミニット [mínit]

Riku finished lunch in five minutes.

507

16/季節・行事

5級

spring

スプリンg [spriŋ]

Riku doesn't like spring.

508

16/季節・行事

5級

súmmer

サマァ [sʌ́mər]

Aya eats hot *ramen* in summer.

509

16/季節・行事

5級

fall

ふォーる [fɔ:l]

We want a fall vacation, too.

510

名 瞬間（しゅんかん），ちょっとの間（あいだ）

506 ▶ちょっとの間，待ってください。

名 分（ふん）

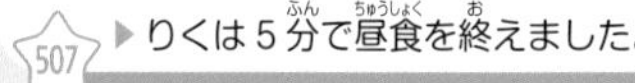

507 ▶りくは 5 分で昼食を終えました。

名 春（はる）

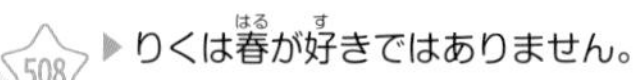

508 ▶りくは春が好きではありません。

名 夏（なつ）

509 ▶あやは夏に熱いラーメンを食べます。

名 (米) 秋（あき）

510 ▶秋にも休みがほしいです。

áutumn

オータム [ɔ́:təm]

Autumn is good for cycling.

511

5級

wínter

ウィンタァ [wíntər]

Aya eats ice cream in winter.

512

4級

vacátion

ヴェイケイション [veikéiʃ(ə)n]

Can our father take his summer vacation?

513

4級

féstival

ふェスティヴァる [féstiv(ə)l]

Tomoko gets excited at festivals.

514

New Year's Dáy

ヌー イアズ デイ [nù: jiərz déi]

Aya eats a lot of rice cake on New Year's Day.

515

16/季節・行事

名 (英) 秋（あき）

511 ▶ 秋（あき）はサイクリングにいいです。

16/季節・行事

名 冬（ふゆ）

512 ▶ あやは冬（ふゆ）にアイスクリームを食（た）べます。

16/季節・行事

名 休（やす）み

513 ▶ お父（とう）さんは夏休（なつやす）みをとれますか。

16/季節・行事

名 祭（まつ）り

514 ▶ ともこは祭（まつ）りでわくわくします。

16/季節・行事

名 元日（がんじつ）

515 ▶ あやは元日（がんじつ）にたくさんのおもちを食（た）べます。

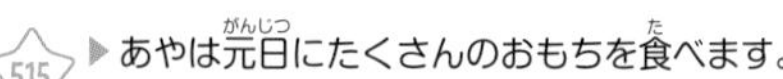

16/季節・行事

5級

bírthday

バ〜すデイ [bə́ːrθdei]

Shogo's birthday is January 1st.

516

17/自然・天気

3級

náture

ネイチャ [néitʃər]

Masato lives in nature.

517

17/自然・天気

4級

sky

スカイ [skai]

We can see many clouds in the sky.

518

17/自然・天気

sun

サン [sʌn]

The sun rises in the east.

519

17/自然・天気

4級

moon

ムーン [muːn]

Rabbits can't live on the moon.

520

16/季節・行事

名 誕生日

516 ▶しょうごの誕生日は1月1日です。

17/自然・天気

名 自然

517 ▶まさとは自然の中で暮らしています。

17/自然・天気

名 空

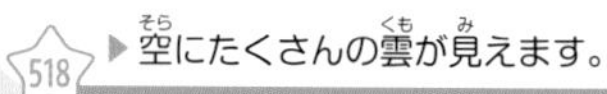

518 ▶空にたくさんの雲が見えます。

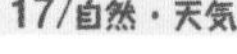

17/自然・天気

名 太陽

519 ▶太陽は東からのぼります。

17/自然・天気

名 月

520 ▶ウサギは月に住むことはできません。

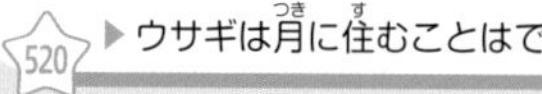

17/自然・天気

4級

star

スター [stɑːr]

How many stars can you see?

521

17/自然・天気

5級

móuntain

マウントゥン [máunt(ə)n]

Masato's house is on the top of the mountain.

522

17/自然・天気

4級

sea

スィー [siː]

Masato doesn't like swimming in the sea.

523

17/自然・天気

5級

beach

ビーチ [biːtʃ]

Yamato is on the beach.

524

17/自然・天気

4級

lake

れイク [leik]

A dragon lives in this lake.

525

17/自然・天気

名 星（ほし）

521 ▶あなたにはいくつの星（ほし）が見（み）えますか。

17/自然・天気

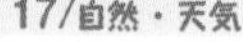

名 山（やま）

522 ▶まさとの家（いえ）は山（やま）の頂上（ちょうじょう）にあります。

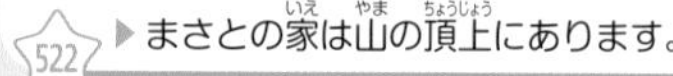

17/自然・天気

名 海（うみ）

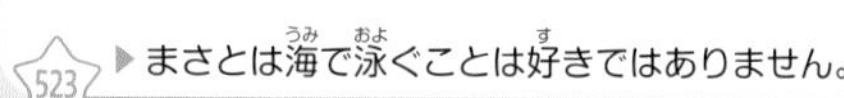

523 ▶まさとは海（うみ）で泳（およ）ぐことは好（す）きではありません。

17/自然・天気

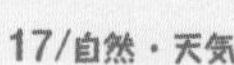

名 浜辺（はまべ）

524 ▶やまとは浜辺（はまべ）にいます。

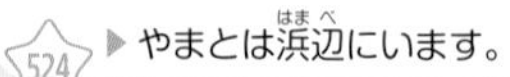

17/自然・天気

名 湖（みずうみ）

525 ▶この湖（みずうみ）には竜（りゅう）が住（す）んでいます。

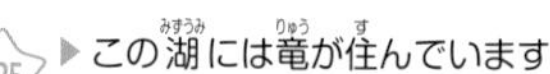

17/自然・天気

4級

pond

パ(ー)ンド [pɑ(:)nd]

Don't catch fish in this pond, Riku!

526

17/自然・天気

5級

river

リヴァ [rívər]

That river is very short.

527

17/自然・天気

5級

rock

ラ(ー)ック [rɑ(:)k]

These cookies look like rocks.

528

17/自然・天気

5級

tree

トゥリー [triː]

Riku sometimes sleeps in the tree.

529

17/自然・天気

5級

water

ウォータァ [wɔ́ːtər]

Don't give hot water to the flowers, Riku!

530

17/自然・天気

名 池（いけ）

526 ▶この池（いけ）の魚（さかな）をつかまえてはだめよ，りく。

17/自然・天気

名 川（かわ）

527 ▶あの川（かわ）はとても短（みじか）いです。

17/自然・天気

名 岩（いわ）

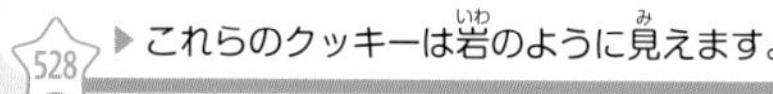

528 ▶これらのクッキーは岩（いわ）のように見（み）えます。

17/自然・天気

名 木（き）

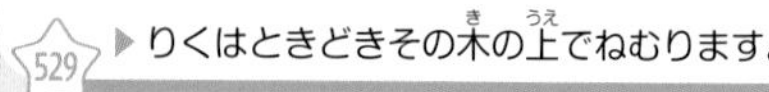

529 ▶りくはときどきその木（き）の上（うえ）でねむります。

17/自然・天気

名 水（みず）

530 ▶花（はな）に熱湯（ねっとう）をあげてはだめだよ，りく。

17/自然・天気

5級

ice

アイス [ais]

Masato puts a lot of ice in his drink.

531

17/自然・天気

5級

wéather

ウェざァ [wéðər]

How is the weather in the mountain, Masato?

532

17/自然・天気

5級

súnny

サニィ [sʌ́ni]

Riku goes out on sunny days.

533

17/自然・天気

5級

clóudy

クらウディ [kláudi]

It will be cloudy tomorrow.

534

17/自然・天気

5級

rain

レイン [rein]

We had a lot of rain last week.

535

名 氷

531 ▶まさとは飲み物にたくさんの氷を入れます。

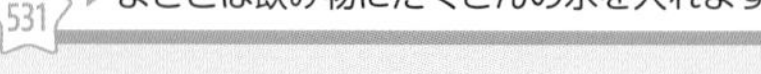

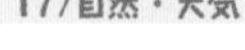

名 天気

532 ▶山の天気はどう，まさと。

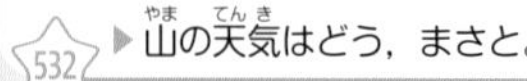

形 晴れの

533 ▶りくは，晴れの日には外出します。

形 くもった，くもりの

534 ▶明日はくもりでしょう。

名 雨

535 ▶先週はたくさん雨が降りました。

17/自然・天気

5級

ráiny

レイニィ [réini]

Shogo practices tennis on rainy days, too.

536

17/自然・天気

5級

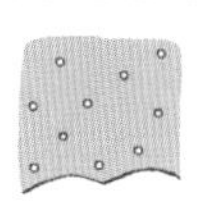

snow

スノウ [snou]

Don't eat snow, Riku!

537

17/自然・天気

5級

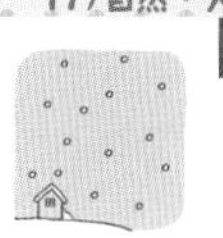

snówy

スノウイ [snóui]

It was snowy this morning.

538

17/自然・天気

5級

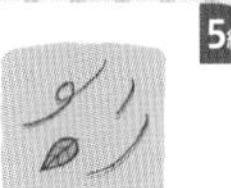

wíndy

ウィンディ [wíndi]

You can't read books in the park on a windy day.

539

17/自然・天気

ráinbow

レインボウ [réinbou]

That bridge looks like a rainbow.

540

17/自然・天気

形 雨の

536 ▶しょうごは雨の日もテニスの練習をします。

17/自然・天気

名 雪

537 ▶雪を食べてはだめよ，りく。

17/自然・天気

形 雪の降る

538 ▶今朝，雪が降っていました。

17/自然・天気

形 風の強い

539 ▶風の強い日に公園で本は読めません。

17/自然・天気

名 にじ

540 ▶あの橋はにじのように見えます。

18/国 4級

world

ワ～るド [wəːrld]

Sushi is popular all over the world.

18/国 5級

country

カントゥリィ [kʌ́ntri]

I love my country.

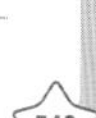

18/国 4級

America

アメリカ [əmérikə]

Does Ms. Dean have a horse in America?

543

18/国 5級

Canada

キャナダ [kǽnədə]

Tomoko studied English in Canada.

18/国

Brazil

ブラズィる [brəzíl]

Our mother went to Brazil and danced there.

18/国

名 世界（せかい）

541 ▶すしは世界中で人気があります。

18/国

名 国（くに）

542 ▶私は自分の国を愛しています。

18/国

名 アメリカ(合衆国)（がっしゅうこく）

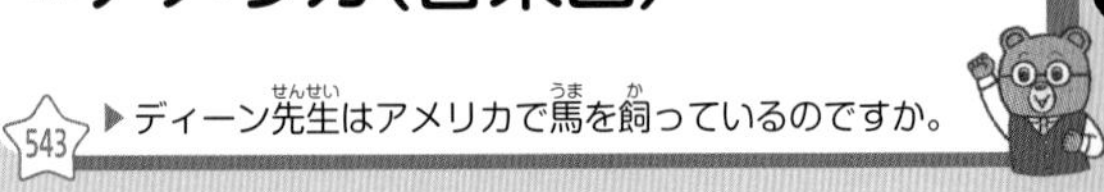

543 ▶ディーン先生はアメリカで馬を飼っているのですか。

18/国

名 カナダ

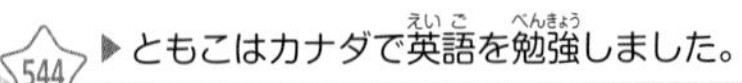

544 ▶ともこはカナダで英語を勉強しました。

18/国

名 ブラジル

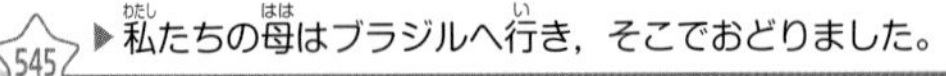

545 ▶私たちの母はブラジルへ行き，そこでおどりました。

18/国

France

ふランス [fræns]

Aya's doll is from France.

546

18/国

Germany

チャ〜マニィ [dʒə́ːrməni]

Aya wants to go to Germany.

18/国

4級

Italy

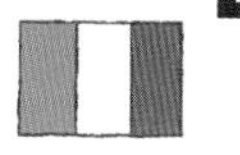

イタりィ [ít(ə)li]

On a map, Italy looks like a boot.

18/国

4級

Spain

スペイン [spein]

The soccer player plays in Spain.

18/国

the UK

ざ ユーケイ [ðə jùːkéi]

The singer lives in the UK.

18/国

名 **フランス**

546 ▶ あやの人形はフランスから来ました。

18/国

名 **ドイツ**

547 ▶ あやはドイツに行きたいと思っています。

18/国

名 **イタリア**

548 ▶ 地図で，イタリアは長ぐつのように見えます。

18/国

名 **スペイン**

549 ▶ そのサッカー選手はスペインでプレーしています。

18/国

名 **イギリス**

550 ▶ その歌手はイギリスに住んでいます。

18/国

Rússia

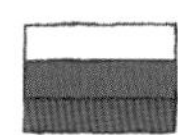

ラシャ [rʌ́ʃə]

Selina went to Russia last year.

551

18/国

Égypt

イーヂプト [íːdʒipt]

You can see pyramids in Egypt.

552

18/国

Índia

インディア [índiə]

People in India often eat curry.

553

18/国

4級

Tháiland

タイランド [táilænd]

Thailand has a lot of temples.

554

18/国

4級

Chína

チャイナ [tʃáinə]

This panda is from China.

555

18/国

名 ロシア

551 ▶セリーナは去年ロシアに行きました。

18/国

名 エジプト

552 ▶あなたはエジプトでピラミッドを見ることができます。

18/国

名 インド

553 ▶インドの人々はカレーをよく食べます。

18/国

名 タイ

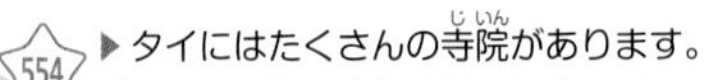

554 ▶タイにはたくさんの寺院があります。

18/国

名 中国

555 ▶このパンダは中国出身です。

18/国

Koréa

コリ(ー)ア [kərí(:)ə]

Tomoko's favorite actor is from Korea.

18/国

5級

Austrália

オ(ー)ストゥレイりア [ɔ(:)stréiliə]

It's hot in Australia in January.

18/国

5級

Japán

チャパン [dʒəpǽn]

We live in Japan.

18/国

5級

Japanése

チャパニーズ [dʒæ̀pəníːz]

Ms. Dean likes Japanese sweets very much.

19/様子や気持ちを表す言葉

5級

good

グッド [gud]

Riku did a good thing.

18/国

名 朝鮮（ちょうせん），韓国（かんこく）

556 

▶ともこのお気に入りの俳優は韓国出身です。

18/国

名 オーストラリア

557 

▶オーストラリアでは，1月は暑いです。

18/国

名 日本（にほん）

558 

▶私たちは日本に住んでいます。

18/国

形 日本（にほん）の

559 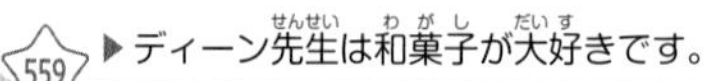

▶ディーン先生は和菓子が大好きです。

19/様子や気持ちを表す言葉

形 よい

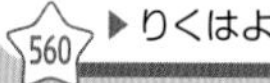

560 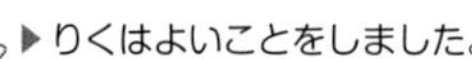

▶りくはよいことをしました。

19/様子や気持ちを表す言葉

4級

bad

バッド [bæd]

We had bad weather yesterday.

561

19/様子や気持ちを表す言葉

4級

best

ベスト [best]

Sara is Yamato's best friend.

19/様子や気持ちを表す言葉

5級

nice

ナイス [nais]

Have a nice trip.

19/様子や気持ちを表す言葉

5級

great

グレイト [greit]

You did a great job, Riku.

19/様子や気持ちを表す言葉

5級

wónderful

ワンダふる [wʌ́ndərf(ə)l]

You have a wonderful family.

19/様子や気持ちを表す言葉

形 悪い

561 ▶ 昨日は天気が悪かったです。

19/様子や気持ちを表す言葉

形 最もよい

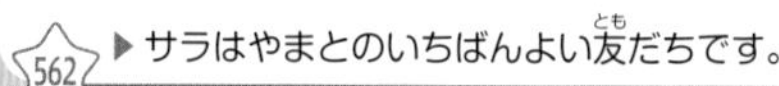
562 ▶ サラはやまとのいちばんよい友だちです。

19/様子や気持ちを表す言葉

形 すてきな

563 ▶ すてきな旅を。

19/様子や気持ちを表す言葉

形 すばらしい

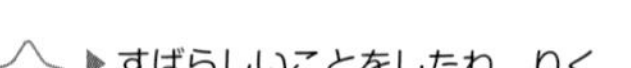
564 ▶ すばらしいことをしたね，りく。

19/様子や気持ちを表す言葉

形 すばらしい

565 ▶ あなたはすばらしい家族をお持ちですね。

fantástic

ふァンタスティック [fæntǽstik]

Tomoko has a fantastic dress.

566

4級

spécial

スペシャる [spéʃ(ə)l]

This is our principal's special chair.

567

4級

delícious

ディりシャス [dilíʃəs]

Your donuts look delicious.

568

5級

sweet

スウィート [swiːt]

This donut is sweet and delicious.

569

5級

háppy

ハピィ [hǽpi]

Shogo is happy.

570

形 とてもすばらしい

566 ▶ともこはとてもすばらしいドレスを持っています。

形 特別な

567 ▶これは私たちの校長先生の特別ないすです。

形 とてもおいしい

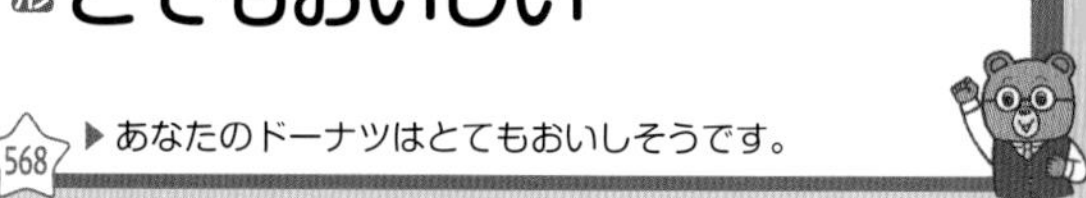

568 ▶あなたのドーナツはとてもおいしそうです。

形 あまい

569 ▶このドーナツはあまくてとてもおいしいです。

形 うれしい

570 ▶しょうごはうれしいです。

19/様子や気持ちを表す言葉

4級

sad

サッド [sæd]

This old story is sad.

571

19/様子や気持ちを表す言葉

4級

ángry

アングリィ [æŋgri]

Our mother often gets angry.

572

19/様子や気持ちを表す言葉

5級

hot

ハ(ー)ット [hɑ(:)t]

It's too hot today!

573

19/様子や気持ちを表す言葉

5級

warm

ウォーム [wɔːrm]

Your jacket is warm.

574

19/様子や気持ちを表す言葉

5級

cold

コウるド [kould]

Penguins like cold places.

575

形 悲(かな)しい

571 ▶この古(ふる)い物語(ものがたり)は悲(かな)しいです。

19/様子や気持ちを表す言葉

形 おこった

572 ▶私(わたし)たちの母(はは)はよくおこります。

19/様子や気持ちを表す言葉

形 暑(あつ)い

573 ▶今日(きょう)は暑(あつ)すぎます。

19/様子や気持ちを表す言葉

形 暖(あたた)かい

574 ▶あなたの上着(うわぎ)は暖(あたた)かいですね。

19/様子や気持ちを表す言葉

形 寒(さむ)い

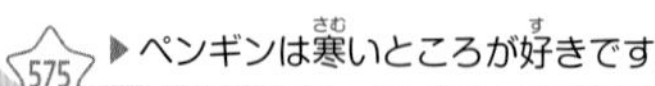
575 ▶ペンギンは寒(さむ)いところが好(す)きです。

cool

クーる [ku:l]

It's cool in this room.

5級

ライト [rait]

Raise your right hand.

left

れふト [left]

Put your left hand down.

5級

new

ヌー [nu:]

This is Takao's new uniform.

5級

オウるド [ould]

We can see an old tower.

形 すずしい

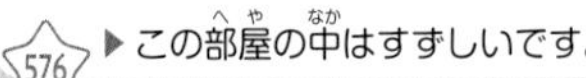

576 ▶ この部屋の中はすずしいです。

19/様子や気持ちを表す言葉

形 右の

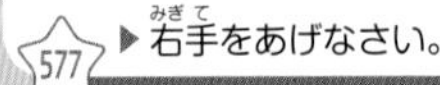

577 ▶ 右手をあげなさい。

19/様子や気持ちを表す言葉

形 左の

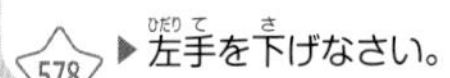

578 ▶ 左手を下げなさい。

19/様子や気持ちを表す言葉

形 新しい

579 ▶ これはたかおの新しいユニフォームです。

19/様子や気持ちを表す言葉

形 古い

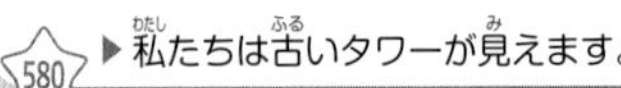

580 ▶ 私たちは古いタワーが見えます。

19/様子や気持ちを表す言葉

5級

young

ヤング　[jʌŋ]

Those young boys are popular in Japan.

19/様子や気持ちを表す言葉

4級

június

チューニャ　[dʒúːnjər]

That is a junior high school.

19/様子や気持ちを表す言葉

4級

strong

ストゥロ(ー)ング　[strɔ(ː)ŋ]

You are very strong!

19/様子や気持ちを表す言葉

5級

slow

スろウ　[slou]

That train is very slow.

19/様子や気持ちを表す言葉

5級

last

らスト　[læst]

I watched the TV program last night.

形 若い

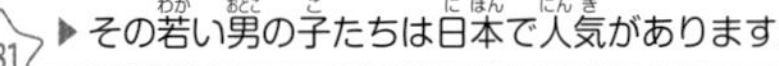

581 ▶ その若い男の子たちは日本で人気があります。

19/様子や気持ちを表す言葉

形 年下の

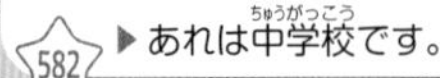

582 ▶ あれは中学校です。

19/様子や気持ちを表す言葉

形 強い

583 ▶ あなたはとても強いのね。

19/様子や気持ちを表す言葉

形 ゆっくりな

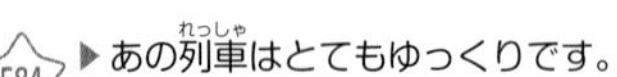

584 ▶ あの列車はとてもゆっくりです。

19/様子や気持ちを表す言葉

形 この前の

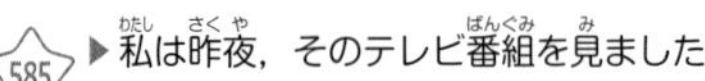

585 ▶ 私は昨夜，そのテレビ番組を見ました。

19/様子や気持ちを表す言葉

4級

large

らーチ [lɑːrdʒ]

This bag is too large for me.

586

19/様子や気持ちを表す言葉

5級

big

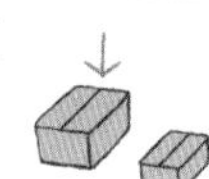

ビッグ [big]

Aya's donut is very big.

587

19/様子や気持ちを表す言葉

5級

small

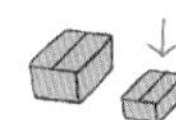

スモーる [smɔːl]

It's a small world.

588

19/様子や気持ちを表す言葉

5級

little

りトゥる [lítl]

Yamato likes little birds.

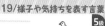

589

19/様子や気持ちを表す言葉

5級

fine

ふァイン [fain]

I'm fine.

形 大きい

586 ▶このかばんは私には大きすぎます。

19/様子や気持ちを表す言葉

形 大きい

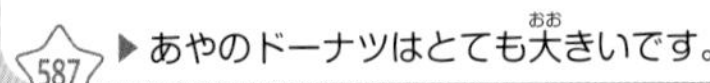
587 ▶あやのドーナツはとても大きいです。

19/様子や気持ちを表す言葉

形 小さい

588 ▶それは小さな世界です。(世間はせまいですね。)

19/様子や気持ちを表す言葉

形 小さい

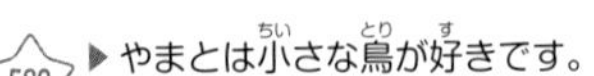
589 ▶やまとは小さな鳥が好きです。

19/様子や気持ちを表す言葉

形 元気で

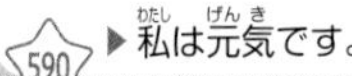
590 ▶私は元気です。

19/様子や気持ちを表す言葉

4級

sick

スィック [sik]

Are you sick?

591

19/様子や気持ちを表す言葉

5級

húngry

ハングリィ [hʌ́ŋgri]

Aya is hungry now.

592

19/様子や気持ちを表す言葉

5級

sléepy

スリーピィ [slí:pi]

Are you sleepy, Riku?

593

19/様子や気持ちを表す言葉

4級

tired

タイアド [taiərd]

Are you tired, Takao?

594

19/様子や気持ちを表す言葉

5級

béautiful

ビューティふる [bjú:təf(ə)l]

Ann is beautiful.

595

形 病気（びょうき）の

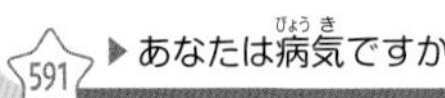
591 ▶あなたは病気（びょうき）ですか。

形 空腹（くうふく）の

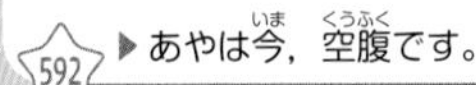
592 ▶あやは今（いま），空腹（くうふく）です。

形 ねむい

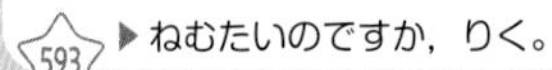
593 ▶ねむたいのですか，りく。

形 つかれた

594 ▶あなたはつかれているのですか，たかお。

形 美（うつく）しい

595 ▶アンは美（うつく）しいです。

19/様子や気持ちを表す言葉

5級

cute

キュート [kju:t]

Sara is cute.

596

19/様子や気持ちを表す言葉

5級

clean

クリーン [kli:n]

Sara likes her clean bed.

597

19/様子や気持ちを表す言葉

5級

prétty

プリティ [príti]

That pretty girl is wearing a *kimono*.

598

19/様子や気持ちを表す言葉

5級

long

ろ(ー)ング [lɔ(:)ŋ]

Your pencil is too long.

599

19/様子や気持ちを表す言葉

5級

short

ショート [ʃɔ:rt]

A penguin has short legs.

600

形 かわいい

596 ▶サラはかわいいです。

形 きれいな，清潔（せいけつ）な

597 ▶サラはかのじょのきれいなベッドが好（す）きです。

形 きれいな，かわいらしい

598 ▶あのきれいな女（おんな）の子（こ）は着物（きもの）を着（き）ています。

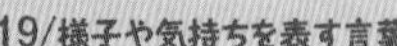

形 長（なが）い

599 ▶あなたのえんぴつは長（なが）すぎます。

形 短（みじか）い

600 ▶ペンギンは短（みじか）いあしをしています。

5級

tall

トーる [tɔ:l]

That tall boy is cool.

19/様子や気持ちを表す言葉

5級

high

ハイ [hai]

That country has a lot of high mountains.

19/様子や気持ちを表す言葉

4級

difficult

ディふィクるト [dífik(ə)lt]

This homework is difficult for Aya.

19/様子や気持ちを表す言葉

5級

easy

イーズィ [í:zi]

This test is easy for Riku.

19/様子や気持ちを表す言葉

4級

fun

ふアン [fʌn]

Cooking is a lot of fun for Takao.

19/様子や気持ちを表す言葉

形 背の高い

▶あの背の高い男の子はかっこいいです。

601

19/様子や気持ちを表す言葉

形 高い

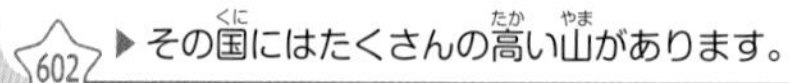

▶その国にはたくさんの高い山があります。

602

19/様子や気持ちを表す言葉

形 難しい

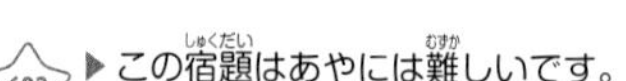

▶この宿題はあやには難しいです。

603

19/様子や気持ちを表す言葉

形 簡単な

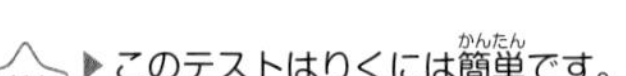

▶このテストはりくには簡単です。

604

19/様子や気持ちを表す言葉

名 楽しみ

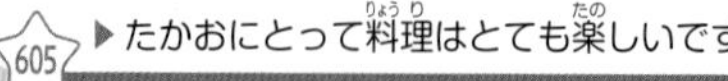

▶たかおにとって料理はとても楽しいです。

3級

fúnny

ふァニィ [fʌ́ni]

Riku is showing his funny face.

606

19/様子や気持ちを表す言葉

4級

ínteresting

インタレスティンㇰ [ínt(ə)rəstiŋ]

Is this game interesting?

19/様子や気持ちを表す言葉

4級

excíted

イクサイティッド [iksáitid]

Tomoko was excited at the festival.

19/様子や気持ちを表す言葉

4級

excíting

イクサイティンㇰ [iksáitiŋ]

This new movie is exciting.

19/様子や気持ちを表す言葉

áctive

アクティヴ [ǽktiv]

Our mother is too active.

19/様子や気持ちを表す言葉

形 こっけいな

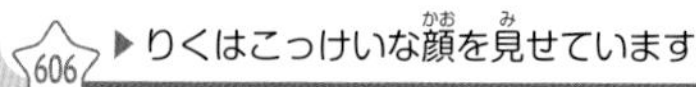

606 ▶りくはこっけいな顔(かお)を見(み)せています。

19/様子や気持ちを表す言葉

形 おもしろい

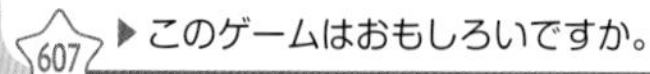

607 ▶このゲームはおもしろいですか。

19/様子や気持ちを表す言葉

形 興奮(こうふん)した

608 ▶ともこは祭(まつ)りで興奮(こうふん)していました。

19/様子や気持ちを表す言葉

形 興奮(こうふん)させる

609 ▶この新(あたら)しい映画(えいが)は興奮(こうふん)させます。

19/様子や気持ちを表す言葉

形 活発(かっぱつ)な

610 ▶私(わたし)たちの母(はは)はあまりにも活発(かっぱつ)です。

5級

kind

カインド [kaind]

Ann is kind to everyone.

611

19/様子や気持ちを表す言葉

3級

friendly

ふレンドりィ [fréndli]

Riku is very friendly.

612

19/様子や気持ちを表す言葉

5級

busy

ビズィ [bízi]

Tomoko is always busy.

613

19/様子や気持ちを表す言葉

4級

free

ふリー [fri:]

Are you free this weekend, Ann?

614

19/様子や気持ちを表す言葉

4級

famous

ふェイマス [féiməs]

Our city is famous for its big museum.

615

19/様子や気持ちを表す言葉

形 親切(しんせつ)な

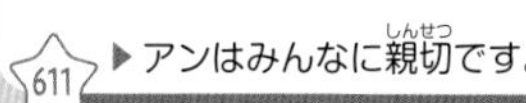

611 ▶アンはみんなに親切(しんせつ)です。

19/様子や気持ちを表す言葉

形 友好的(ゆうこうてき)な

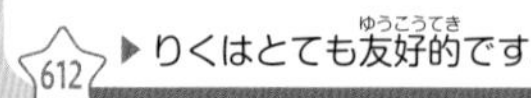

612 ▶りくはとても友好的(ゆうこうてき)です。

19/様子や気持ちを表す言葉

形 いそがしい

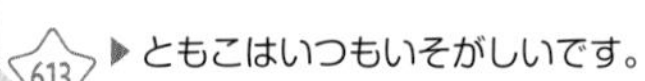

613 ▶ともこはいつもいそがしいです。

19/様子や気持ちを表す言葉

形 ひまな

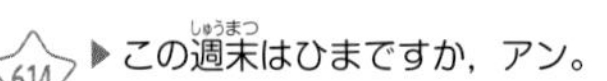

614 ▶この週末(しゅうまつ)はひまですか，アン。

19/様子や気持ちを表す言葉

形 有名(ゆうめい)な

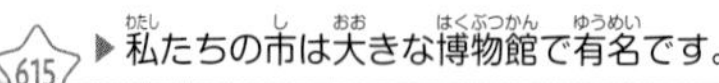

615 ▶私(わたし)たちの市(し)は大(おお)きな博物館(はくぶつかん)で有名(ゆうめい)です。

5級

fávorite

ふェイヴ(ァ)リット [féiv(ə)rət]

Takao's favorite sport is baseball.

616

19/様子や気持ちを表す言葉

4級

pópular

パ(ー)ピュラァ [pá(:)pjulər]

This temple is very popular.

617

19/様子や気持ちを表す言葉

4級

expénsive

イクスペンスィヴ [ikspénsiv]

Those baseball shoes are expensive.

618

19/様子や気持ちを表す言葉

4級

dífferent

ディふ(ァ)レント [díf(ə)r(ə)nt]

We have different ideas.

619

19/様子や気持ちを表す言葉

4級

héavy

ヘヴィ [hévi]

Riku's bag is very heavy.

620

形 お気に入りの

616 ▶たかおのお気に入りのスポーツは野球です。

19/様子や気持ちを表す言葉

形 人気のある

617 ▶このお寺はとても人気があります。

19/様子や気持ちを表す言葉

形 高価な

618 ▶あの野球シューズは高価です。

19/様子や気持ちを表す言葉

形 ちがった

619 ▶私たちはちがった考えを持っています。

19/様子や気持ちを表す言葉

形 重い

620 ▶りくのかばんはとても重いです。

5級

soft

ソ(ー)ふト [sɔ(:)ft]

I want a soft sofa.

621

4級

quiet

クワイエット [kwáiət]

Be quiet here!

622

scary

スケアリィ [skéəri]

My mother is very scary.

623

5級

final

ふァイナる [fáin(ə)l]

This is the final game.

624

5級

main

メイン [mein]

I don't know the main character of this story.

625

形 やわらかい

621 ▶私(わたし)はやわらかいソファがほしいです。

19/様子や気持ちを表す言葉

形 静(しず)かな

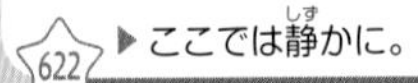
622 ▶ここでは静(しず)かに。

19/様子や気持ちを表す言葉

形 おそろしい

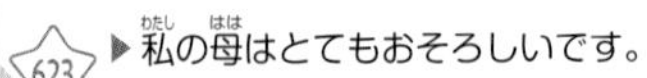
623 ▶私(わたし)の母(はは)はとてもおそろしいです。

19/様子や気持ちを表す言葉

形 最後(さいご)の

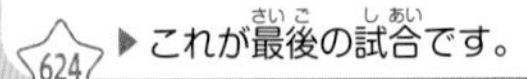
624 ▶これが最後(さいご)の試合(しあい)です。

19/様子や気持ちを表す言葉

形 主(おも)な

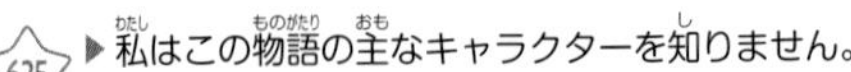
625 ▶私(わたし)はこの物語(ものがたり)の主(おも)なキャラクターを知(し)りません。

5級

ready

レディ [rédi]

Are you ready for school, Aya?

626

5級

before

ビふォー [bifɔ́ːr]

Come home before dinner.

627

5級

after

アふタァ [ǽftər]

We are always sleepy after P.E. class.

628

5級

in

イン [in]

What's in this tree?

629

5級

at

アット [æt]

Riku is playing soccer at school.

630

19/様子や気持ちを表す言葉

形 用意できて

626 
▶学校に行く用意はできているの，あや。

20/その他の言葉（前置詞・副詞など）

前 ～の前に

627 
▶夕食の前に家に帰ってきなさい。

20/その他の言葉（前置詞・副詞など）

前 ～の後に

628 
▶私たちは，体育の授業の後はいつもねむいです。

20/その他の言葉（前置詞・副詞など）

前 ～の中に

629 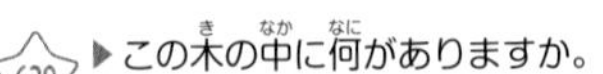
▶この木の中に何がありますか。

20/その他の言葉（前置詞・副詞など）

前 ～で，～に

630 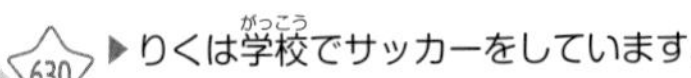
▶りくは学校でサッカーをしています。

20/その他の言葉（前置詞・副詞など）

5級

on

ア(ー)ン [ɑ(:)n]

Don't stand on your chair.

20/その他の言葉（前置詞・副詞など）

4級

óver

オウヴァ [óuvər]

We can see a rainbow over the mountain.

20/その他の言葉（前置詞・副詞など）

5級

únder

アンダァ [ʌ́ndər]

Sara is sleeping under the bed.

20/その他の言葉（前置詞・副詞など）

3級

insíde

インサイド [ìnsáid]

Don't run inside the house!

20/その他の言葉（前置詞・副詞など）

4級

outsíde

アウトサイド [àutsáid]

Riku is waiting for Aya outside the house.

前 ～の上に

631 ▶いすの上に立ってはいけませんよ。

20/その他の言葉（前置詞・副詞など）

前 ～の上方に

632 ▶山の上ににじが見えます。

20/その他の言葉（前置詞・副詞など）

前 ～の下に

633 ▶サラはベッドの下でねむっています。

20/その他の言葉（前置詞・副詞など）

前 ～の内部に[で]

634 ▶家の中で走らないで。

20/その他の言葉（前置詞・副詞など）

前 ～の外に[で]

635 ▶りくはあやを家の外で待っています。

5級

by

バイ [bai]

Aya is standing by a tree.

636

20/その他の言葉（前置詞・副詞など）

5級

always

オーるウェイズ [ɔ́:lweiz]

Our father always talks about baseball.

637

20/その他の言葉（前置詞・副詞など）

5級

usually

ユージュ(ア)りィ [jú:ʒu(ə)li]

Aya usually gets up at seven.

638

20/その他の言葉（前置詞・副詞など）

5級

sometimes

サムタイムズ [sʌ́mtaimz]

Ms. Dean sometimes goes on a trip by bike.

639

20/その他の言葉（前置詞・副詞など）

5級

fast

ふァスト [fæst]

Rabbits can run fast.

640

前 ～のそばに

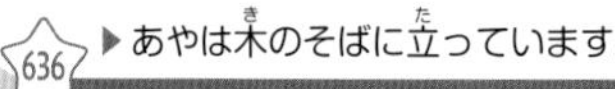
636 ▶あやは木のそばに立っています。

20/その他の言葉（前置詞・副詞など）

副 いつも，常に

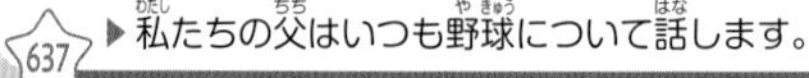
637 ▶私たちの父はいつも野球について話します。

20/その他の言葉（前置詞・副詞など）

副 いつもは，ふつう

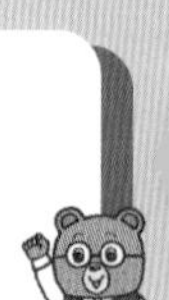

638 ▶あやはいつもは７時に起きます。

20/その他の言葉（前置詞・副詞など）

副 ときどき

639 ▶ディーン先生はときどき，自転車で旅に出ます。

20/その他の言葉（前置詞・副詞など）

副 速く

640 ▶ウサギは速く走ることができます。

20/その他の言葉（前置詞・副詞など）

5級

well

ウェる [wel]

Riku plays the drums well.

20/その他の言葉（前置詞・副詞など）

4級

hard

ハード [hɑːrd]

Takao practices baseball hard.

20/その他の言葉（前置詞・副詞など）

3級

straight

ストゥレイト [streit]

Walk straight for 300 meters.

20/その他の言葉（前置詞・副詞など）

5級

here

ヒア [hiər]

Please come here.

20/その他の言葉（前置詞・副詞など）

up

アップ [ʌp]

Sara jumped up and ran away.

副 上手に

641 ▶りくは上手にドラムを演奏します。

20/その他の言葉（前置詞・副詞など）

副 一生懸命に

642 ▶たかおは一生懸命に野球を練習します。

20/その他の言葉（前置詞・副詞など）

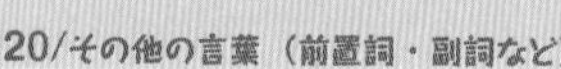

副 まっすぐに

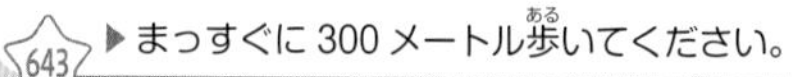

643 ▶まっすぐに 300 メートル歩いてください。

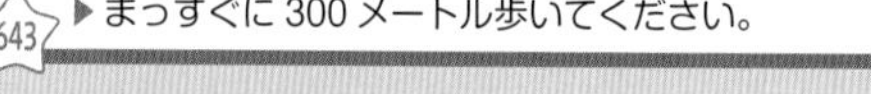

20/その他の言葉（前置詞・副詞など）

副 ここに[で]

644 ▶ここに来てください。

20/その他の言葉（前置詞・副詞など）

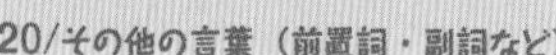

副 上へ[に]

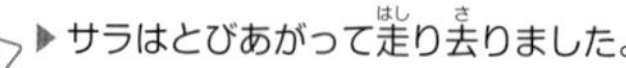

645 ▶サラはとびあがって走り去りました。

20/その他の言葉（前置詞・副詞など）

5級

down

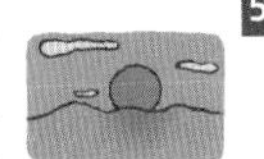

ダウン [daun]

The sun is going down.

21/動き・状態・気持ちを表す熟語

4級

be good at ~

Riku is good at math.

21/動き・状態・気持ちを表す熟語

4級

catch a cold

Our father catches a cold every month.

21/動き・状態・気持ちを表す熟語

5級

come from ~

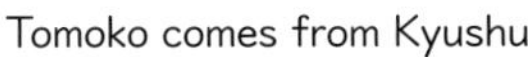
Tomoko comes from Kyushu.

21/動き・状態・気持ちを表す熟語

5級

come in

Can I come in?

20/その他の言葉（前置詞・副詞など）

副 下へ[に]

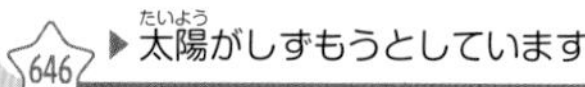

646 ▶太陽がしずもうとしています。

21/動き・状態・気持ちを表す熟語

～が得意である

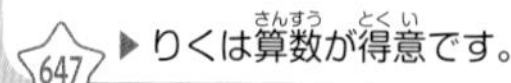

647 ▶りくは算数が得意です。

21/動き・状態・気持ちを表す熟語

かぜをひく

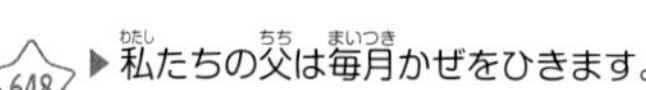

648 ▶私たちの父は毎月かぜをひきます。

21/動き・状態・気持ちを表す熟語

～の出身である

649 ▶ともこは九州の出身です。

21/動き・状態・気持ちを表す熟語

入る

650 ▶入ってもいいですか。

21/動き・状態・気持ちを表す熟語

5級

come on

Come on, Aya!

21/動き・状態・気持ちを表す熟語

5級

come to ~

Please come to my house.

21/動き・状態・気持ちを表す熟語

4級

get off ~

Takao gets off the train at that station.

21/動き・状態・気持ちを表す熟語

4級

get on ~

Let's get on that yellow bus.

21/動き・状態・気持ちを表す熟語

4級

get to ~

Takao got to his office at eight thirty.

さあ行こう，さあ来い

651 ▶ さあ来なさい，あや。

21/動き・状態・気持ちを表す熟語

～に来る

652 ▶ 私の家に来てください。

21/動き・状態・気持ちを表す熟語

～から降りる

653 ▶ たかおはその駅で電車を降ります。

21/動き・状態・気持ちを表す熟語

～に乗る

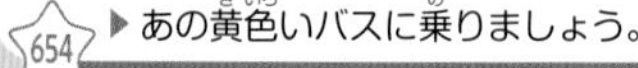

654 ▶ あの黄色いバスに乗りましょう。

21/動き・状態・気持ちを表す熟語

～に着く，～に到着する

655 ▶ たかおは職場に 8 時 30 分に着きました。

21/動き・状態・気持ちを表す熟語

5級

get up

Get up, Riku!

21/動き・状態・気持ちを表す熟語

4級

give up (~)

Don't give up!

21/動き・状態・気持ちを表す熟語

5級

go ~ing

Takao and Riku want to go fishing in the sea.

21/動き・状態・気持ちを表す熟語

5級

go home

Riku wants to go home soon.

21/動き・状態・気持ちを表す熟語

4級

go on a trip

Ann will go on a trip to India.

起きる

656 ▶起きなさい，りく。

21/動き・状態・気持ちを表す熟語

(～を)あきらめる，やめる

657 ▶あきらめないで。

21/動き・状態・気持ちを表す熟語

～しに行く

658 ▶たかおとりくは海につりに行きたがっています。

21/動き・状態・気持ちを表す熟語

家に帰る

659 ▶りくはすぐに家に帰りたいと思っています。

21/動き・状態・気持ちを表す熟語

旅行に行く

660 ▶アンはインドへ旅行に行くつもりです。

21/動き・状態・気持ちを表す熟語

5級

go out

Riku often goes out with Shogo.

21/動き・状態・気持ちを表す熟語

5級

go to ～

Let's go to Hokkaido by bike, Riku.

21/動き・状態・気持ちを表す熟語

4級

have a good idea

I have a good idea.

21/動き・状態・気持ちを表す熟語

4級

have a good time

Please have a good time in Hokkaido.

21/動き・状態・気持ちを表す熟語

4級

help A with B

Please help me with my homework, Ms. Dean.

出ていく，外出する

661 ▶りくはしばしばしょうごと出かけます。

21/動き・状態・気持ちを表す熟語

～へ行く

662 ▶自転車で北海道へ行こうよ，りく。

21/動き・状態・気持ちを表す熟語

よい考えがある

663 ▶私にはよい考えがあります。

21/動き・状態・気持ちを表す熟語

楽しい時を過ごす

664 ▶北海道で楽しい時を過ごしてください。

21/動き・状態・気持ちを表す熟語

AをB(のこと)で助ける

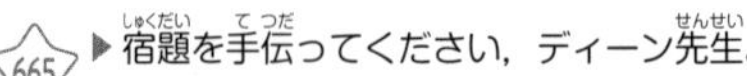
665 ▶宿題を手伝ってください，ディーン先生。

4級

hurry up

Hurry up!

666

21/動き・状態・気持ちを表す熟語

5級

like ~ing

Shogo likes drawing pictures.

667

21/動き・状態・気持ちを表す熟語

5級

listen to ~

Please listen to your father's stories about baseball.

668

21/動き・状態・気持ちを表す熟語

5級

look at ~

Look at me!

669

21/動き・状態・気持ちを表す熟語

4級

look for ~

Ms. Dean is looking for her bike.

670

急ぐ

666 ▶急ぎなさい。

21/動き・状態・気持ちを表す熟語

～することが好きである

667 ▶しょうごは絵をかくことが好きです。

21/動き・状態・気持ちを表す熟語

～を聞く

668 ▶お父さんの野球の話を聞いてあげてください。

21/動き・状態・気持ちを表す熟語

～を見る

669 ▶ぼくを見て。

21/動き・状態・気持ちを表す熟語

～を探す

670 ▶ディーン先生はかのじょの自転車を探しています。

21/動き・状態・気持ちを表す熟語

4級

look like ~

This turtle looks like a rock.

21/動き・状態・気持ちを表す熟語

4級

make friends with ~

Aya makes friends with other children quickly.

21/動き・状態・気持ちを表す熟語

4級

say goodbye to ~

I don't want to say goodbye to you.

21/動き・状態・気持ちを表す熟語

4級

say hello to ~

Please say hello to your family.

21/動き・状態・気持ちを表す熟語

5級

sit down

Riku, sit down.

~のように見える

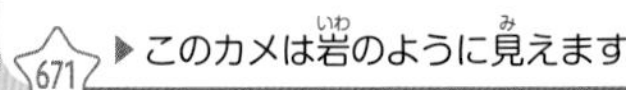

671 ▶このカメは岩のように見えます。

21/動き・状態・気持ちを表す熟語

~と友だちになる

672 ▶あやはほかの子どもたちとすぐに友だちになります。

21/動き・状態・気持ちを表す熟語

~にさようならと言う

673 ▶私はあなたにさようならと言いたくありません。

21/動き・状態・気持ちを表す熟語

~によろしくと言う

674 ▶ご家族によろしくお伝えください。

21/動き・状態・気持ちを表す熟語

すわる

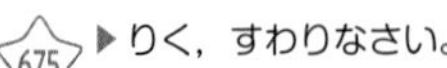

675 ▶りく，すわりなさい。

21/動き・状態・気持ちを表す熟語

5級

stand up

Stand up, please.

21/動き・状態・気持ちを表す熟語

4級

stop ~ing

Stop reading comics in the tree, Riku!

21/動き・状態・気持ちを表す熟語

4級

take a bath

Riku takes a bath with Yamato.

21/動き・状態・気持ちを表す熟語

5級

take a picture

I took a picture at the beach.

21/動き・状態・気持ちを表す熟語

4級

take a walk

Takao is taking a walk with Yamato.

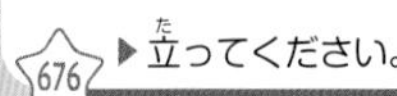

立ち上がる

676 ▶立ってください。

～することをやめる

677 ▶木の上でまんがを読むのはやめなさい，りく。

入浴する

678 ▶りくはやまととおふろに入ります。

写真をとる

679 ▶私は浜辺で写真をとりました。

散歩をする

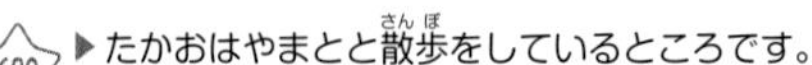

680 ▶たかおはやまとと散歩をしているところです。

21/動き・状態・気持ちを表す熟語

5級

talk about[of] ~

Our father wants to talk about baseball.

21/動き・状態・気持ちを表す熟語

5級

talk with[to] ~

Tomoko is talking with Takao.

21/動き・状態・気持ちを表す熟語

5級

tell A about B

Aya often tells Ms. Dean about her pets.

21/動き・状態・気持ちを表す熟語

4級

wait for ~

I waited for a bus for three hours.

21/動き・状態・気持ちを表す熟語

want to ~

Aya wants to be a singer.

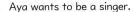

21/動き・状態・気持ちを表す熟語

～について話をする

681 ▶私たちの父は野球について話したがっています。

21/動き・状態・気持ちを表す熟語

～と話をする

682 ▶ともこはたかおと話をしているところです。

21/動き・状態・気持ちを表す熟語

BについてAに話す

683 ▶あやはよく自分のペットについてディーン先生に話します。

21/動き・状態・気持ちを表す熟語

～を待つ

684 ▶私は3時間バスを待ちました。

21/動き・状態・気持ちを表す熟語

～したいと思う

685 ▶あやは歌手になりたいと思っています。

22/その他の熟語

5級

a cup of ～

Tomoko drinks a cup of coffee every morning.

686

22/その他の熟語

5級

a glass of ～

Riku drinks a glass of milk every morning.

687

22/その他の熟語

5級

a lot of ～

I eat a lot of ice cream.

688

22/その他の熟語

4級

all day (long)

It rained all day.

689

22/その他の熟語

5級

be late for ～

Our principal was late for school.

690

1ぱいの～

686 ▶ともこは毎朝(まいあさ)，1ぱいのコーヒーを飲(の)みます。

22/その他の熟語

コップ1ぱいの～

687 ▶りくは毎朝(まいあさ)，コップ1ぱいの牛乳(ぎゅうにゅう)を飲(の)みます。

22/その他の熟語

たくさんの～

688 ▶私(わたし)はたくさんのアイスクリームを食(た)べます。

22/その他の熟語

1日中(にちじゅう)

689 ▶1日中(にちじゅう)雨(あめ)が降(ふ)りました。

22/その他の熟語

～におくれる

690 ▶校長先生(こうちょうせんせい)が学校(がっこう)に遅刻(ちこく)しました。

4級

for a long time

That man lived in this town for a long time.

22/その他の熟語

4級

for example

Ms. Dean wants pets, for example, snakes.

22/その他の熟語

5級

from A to B

Riku wants to walk from Hokkaido to Kagoshima.

22/その他の熟語

4級

in front of ～

A white cat is in front of Sara.

22/その他の熟語

4級

in the future

Riku wants to be a scientist in the future.

22/その他の熟語

長い間

691 ▶あの男性は長い間，この町に住んでいました。

22/その他の熟語

例えば

692 ▶ディーン先生は，例えばヘビなどのペットをほしがっています。

22/その他の熟語

AからBまで

693 ▶りくは北海道から鹿児島まで歩きたいと思っています。

22/その他の熟語

～の前に[で]

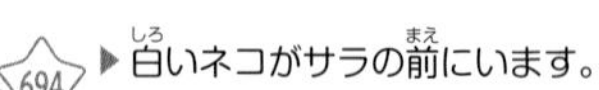

694 ▶白いネコがサラの前にいます。

22/その他の熟語

将来

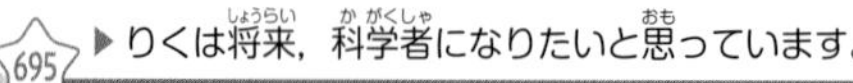

695 ▶りくは将来，科学者になりたいと思っています。

22/その他の熟語

4級

once again

I want to visit Okinawa once again.

696

22/その他の熟語

4級

one day

One day, Aya ate beef curry for breakfast.

697

22/その他の熟語

5級

over there

My wife is over there.

698

22/その他の熟語

4級

right now

Do your homework right now!

699

22/その他の熟語

5級

time for ～

It's time for a snack, Aya and Riku.

700

22/その他の熟語

もう一度

696 ▶私はもう一度沖縄を訪れたいです。

22/その他の熟語

ある日

697 ▶ある日，あやはビーフカレーを朝食に食べました。

22/その他の熟語

向こうに，あそこに

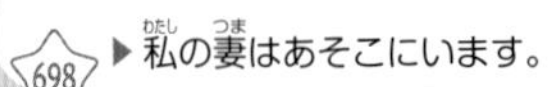

698 ▶私の妻はあそこにいます。

22/その他の熟語

今すぐに

699 ▶今すぐに宿題をしなさい。

22/その他の熟語

～の時間

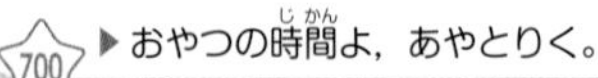

700 ▶おやつの時間よ，あやとりく。